Picknick

Titel der englischsprachigen Originalausgabe: Picnic Hamper

www.murdochbooks.com.au

Murdoch Books UK Limited
Erico House, 6th Floor North
93-99 Upper Richmond Road
Putney, London SW15 2TG
Chief Executive: Juliet Rogers
Publishing Director: Kay Scarlett

Konzeption & Art Direktion: Sarah Odgers
Layout: Vivien Valk, Jacqueline Duncan
Projektmanagement: Rhiain Hull
Redaktion: Gordana Trifunovic
Fotografie: Jared Fowler
Styling: Cherise Koch
Foodstyling: Alan Wilson
Produktion: Monika Paratore
Vorwort: Leanne Kitchen
Alle Rezepte wurden von der Murdoch Books Test Kitchen entwickelt.

Übersetzung: Martina Höppner, Mount Gravatt, Australien
Satz: posi.tiff Dienstleistungen GmbH, Anja Bumb, Frankfurt/Main
Lektorat: Heidrun Wirzinger, Neustadt an der Weinstraße
Herstellung: Tatjana Beimler, Neustadt an der Weinstraße
Coverfotografie: Matthias Hoffmann, Delmenhorst

ISBN: 978-3-86528-669-7
Printed in China, by 1010 Printing International Ltd.

Hinweise:
Die in diesem Buch verwendeten Löffelmaße beziehen sich auf folgende Mengen:
1 Esslöffel (EL) = 20 ml
1 Teelöffel (TL) = 5 ml
Die deutschen Standardmaße liegen für gestrichene Esslöffel bei 10 ml, für gestrichene Teelöffel bei 5 ml.
Dementsprechend sollten für alle Rezepte in diesem Buch gehäufte Esslöffel, aber gestrichene Teelöffel verwendet werden.

Die Gar- und Backzeiten variieren von Gerät zu Gerät etwas. Backöfen sollten auf die angegebene Zeit vorgeheizt werden.
Bei Heißluftöfen bitte die Herstellerangaben zur Anpassung von Zeit und Temperatur berücksichtigen.

Soweit nicht anders angegeben, ist mit „Mehl" haushaltübliches Weizenmehl der Type 405 gemeint.

Einige Gerichte enthalten rohe oder nur leicht gegarte Eier oder Fleisch. Schwangere, stillende Frauen, Kranke, Babys, kleine Kinder sowie ältere Menschen sollten diese Gerichte wegen der Gefahr von Salmonellenvergiftungen meiden.

Picknick

FEIN UND LEICHT SERVIERT

UMSCHAU

INHALT

VORWORT

Irgendwer sagte einmal, dass „gute Freunde, gutes Essen, guter Wein und gutes Wetter ein gutes Picknick ergeben". Wer immer das gesagt hat, es stimmt genau. Ein schöner Tag mit einer sanften Brise und eine grüne Wiese mit Schatten spendenden Bäumen sind einladender als die meisten anderen Dinge. Es ist entspannend (besonders in unseren hektischen Zeiten) und fast eine Flucht aus der Realität, eine Decke ins Gras zu werfen, den gut gefüllten Picknickkorb zu öffnen und faul in der Sonne zu liegen, während man den Inhalt verschmaust. Fast alles schmeckt an der frischen Luft besser, von Wurst im Schlafrock, Pie und Quiche bis hin zu „eleganteren" Picknickkorbfüllern wie Blätterteigtaschen mit Räucherforelle, Papaya-Garnelen-Salat und Mandelfriands.

Das typische Picknick, das meist das Einpacken und Transportieren von angemessen haltbaren Lebensmitteln und dem nötigen Zubehör (Thermoskannen, Plastikbesteck und -teller, Klappstühle) an einen anderen Ort beinhaltet (den Park, Strand oder ein schönes Feld z. B.), ist immer ein Vergnügen, aber es ist nicht die einzige Gelegenheit, draußen zu essen. Viele Gelegenheiten, von Tauffeiern bis zu Cocktailpartys, Geburtstagen und Partys ohne besonderen Anlass können ins Freie verlegt werden.

Am besten geeignet für den Verzehr an der frischen Luft sind Dinge, die man leicht in die Hand nehmen und ohne Schüsseln oder Platten servieren kann. Sie sollten auch keine aufwendige, umständliche Präsentation benötigen, um gut auszusehen. Das Geheimnis sind außerdem Gerichte, die man gut vorbereiten kann. Ob Sie ein traditioneller Picknicker oder einfach ein Koch sind, der seine Gäste gern im Freien bewirtet, in diesem Buch werden Sie speziell ausgewählte Rezepte für all diese Gelegenheiten finden.

FINGERFOOD

SÜSS-WÜRZIGE NÜSSE

250 g blanchierte Mandeln
250 g Pekannüsse
55 g Zucker
1 TL gemahlener Zimt
1 Prise gemahlene Nelken
1/2 TL Currypulver
1/4 TL gemahlener Kreuzkümmel

FÜR 6–8 PERSONEN

Den Ofen auf 180 °C vorheizen. Mandeln und Pekannüsse auf einem großen Backblech ausbreiten und 5–10 Minuten backen, bis sie knusprig und leicht gebräunt sind. Aus dem Ofen nehmen und abkühlen lassen.

Zucker, Gewürze, 1 Teelöffel Salz und 1/2 Teelöffel gemahlenen Pfeffer in einer kleinen Schale gut mischen.

Eine große antihaftbeschichtete Pfanne auf mittlerer Flamme erhitzen und die Mandeln und Nüsse hineingeben. Die Gewürzmischung darüberstreuen und 5 Minuten rühren, bis die Nüsse sich goldbraun verfärben. Der Zucker schmilzt dabei und überzieht die Nüsse. Die Pfanne oft vorsichtig schütteln, damit die Nüsse gleichmäßig bräunen. Wenn die Nüsse zusammenkleben, mit einem Holzlöffel trennen. Sobald sie die richtige Farbe angenommen haben, vom Herd nehmen und auf einem leicht geölten Blech abkühlen lassen.

VORBEREITUNG: 20 MINUTEN BACKZEIT: 15 MINUTEN

TIPP: Wenn man eine kleine Pfanne benutzt, die Nüsse in mehreren Portionen rösten. Cashew-, Macadamia- oder Erdnüsse oder nur eine dieser Sorten können ebenfalls verwendet werden.

Die abgekühlten Nüsse in luftdicht verschließbare Behälter füllen, sie lassen sich mehrere Wochen aufbewahren.

◁ CHILI-ZITRONEN-OLIVEN

500 g gesalzene Oliven (mit runzliger Schale)
2 TL Zitronenschale, fein gerieben
2 TL Oregano, gehackt
3 TL getrocknete Chiliflocken
Olivenöl

ERGIBT 500 G

Oliven mit Zitronenschale, Oregano und Chiliflocken mischen. In ein sterilisiertes Glas mit 750 Milliliter Inhalt füllen. Olivenöl angießen, bis die Oliven vollständig bedeckt sind. Verschließen und mindestens 2 Tage im Kühlschrank marinieren lassen. Bei Zimmertemperatur servieren.

VORBEREITUNG: CA. 10 MINUTEN GARZEIT: KEINE

OLIVEN MIT DILL, KNOBLAUCH UND ORANGEN

500 g Kalamata-Oliven
3 EL Dill, grob gehackt
1 Knoblauchzehe, leicht zerdrückt
4 dünne Orangenscheiben, in je 8 Stücke geschnitten
2 Lorbeerblätter, zerrissen
Olivenöl

ERGIBT 500 G

Oliven mit Dill, Knoblauch, Orangenscheiben und Lorbeerblättern vermischen. In ein sterilisiertes Glas mit 1 Liter Inhalt füllen. Olivenöl angießen, bis alles vollständig bedeckt ist. Verschließen und mindestens 2 Tage im Kühlschrank marinieren lassen. Bei Zimmertemperatur servieren.

VORBEREITUNG: CA. 10 MINUTEN GARZEIT: KEINE

BABA GHANOUSH

2 große Auberginen
3 Knoblauchzehen, zerdrückt
½ TL gemahlener Kreuzkümmel
80 ml Zitronensaft
2 EL Tahina (Paste aus feingemahlenen Sesamkörnern)
1 Prise Cayennepfeffer
1½ EL Olivenöl
1 EL glatte Petersilie, gehackt
schwarze Oliven zum Garnieren

ERGIBT 440 G

Den Ofen auf 200 °C vorheizen. Auberginen mehrfach mit einer Gabel einstechen, dann auf offener Flamme etwa 5 Minuten garen, bis die Schale schwarz und mit Blasen übersät ist. Auf ein Backblech geben und 40–45 Minuten backen, bis sie weich und verschrumpelt sind. In eine Seihe geben und über einer Schüssel 30 Minuten abtropfen lassen, bis die bittere Flüssigkeit abgelaufen ist.

Die Haut von den Auberginen abziehen und das Fleisch hacken. Mit Knoblauch, Kreuzkümmel, Zitronensaft, Tahina, Cayennepfeffer und Olivenöl in die Küchenmaschine geben und glatt pürieren. Mit Salz und Pfeffer würzen und die Petersilie unterrühren. In einer flachen Schüssel oder auf einer Platte verstreichen und mit Oliven dekorieren. Mit knusprig getoastetem Brot oder Pitabrot zum Dippen servieren.

VORBEREITUNG: CA. 20 MINUTEN GARZEIT: 50 MINUTEN

◁ TARAMOSALATA

5 Scheiben Weißbrot, ohne Rinde
80 ml Milch
100 g Tarama aus der Dose (Meeräschenrogen)
1 Eigelb
½ kleine Zwiebel, gerieben
1 Knoblauchzehe, zerdrückt
2 EL Zitronensaft
80 ml Olivenöl
1 Prise gemahlener weißer Pfeffer

ERGIBT 375 G

Das Brot 10 Minuten in der Milch einweichen. In einem Sieb die überschüssige Milch herausdrücken, dann in der Küchenmaschine mit Tarama, Eigelb, Zwiebel und Knoblauch in 30 Sekunden glatt pürieren. Einen Esslöffel Zitronensaft unterrühren.

Bei laufendem Motor langsam das Olivenöl dazugeben. Die Mischung sollte ganz glatt sein. Restlichen Zitronensaft und weißen Pfeffer dazugeben. Wenn der Dip zu salzig schmeckt, eine weitere Brotscheibe dazupürieren. Mit Crackern oder Pitabrot zum Dippen servieren.

VORBEREITUNG: CA. 10 MINUTEN GARZEIT: KEINE

TIPP: Traditionell wird Meeräschenrogen verwendet, aber auch geräucherter Dorschrogen oder Karpfenrogen geben einen wunderbaren Geschmack.

TZATZIKI

2 Landgurken
400 g griechischer Joghurt
4 Knoblauchzehen, zerdrückt
3 EL fein gehackte Minze
1 EL Zitronensaft
gehackte Minze zum Garnieren

ERGIBT 500 G

Gurken längs halbieren und die Kerne mit einem Teelöffel entfernen. Den Rest mit der Schale in ein kleines Sieb raspeln. Mit etwas Salz bestreuen und 15 Minuten über einer großen Schüssel abtropfen lassen.

In der Zwischenzeit Joghurt, Knoblauch, Minze und Zitronensaft in einer Schüssel vermischen.

Gurke unter kaltem Wasser abspülen. Jeweils eine kleine Handvoll pressen, um überschüssige Flüssigkeit zu entfernen. Zum Joghurt geben und abschmecken. Sofort servieren oder bis zum Servieren kühlen. Mit Minze garnieren. Mit Pitabrot zum Dippen oder als Sauce zu Fisch oder Fleisch servieren.

VORBEREITUNG: CA. 10 MINUTEN GARZEIT: KEINE

KNÄCKEBROT

250 ml Milch, lauwarm
1 EL Trockenhefe
1/4 TL getrocknete Fenchelsamen
250 g steingemahlenes Weizenmehl
200 g grobes Roggenmehl

ERGIBT 24 STÜCK

Zwei Bleche mit Backpapier auslegen. Die Milch in eine Schüssel geben, Hefe dazugeben und rühren, bis sie sich aufgelöst hat. An einem warmen Ort 10 Minuten ruhen lassen, bis sich Blasen bilden. Die Mischung sollte leicht schaumig und aufgegangen sein. Wenn die Hefe nicht schäumt, ist sie tot und die Mischung muss neu angesetzt werden.

Fenchel, Mehl, Roggenmehl und 1 Teelöffel Salz in einer Schüssel mischen. Eine Vertiefung in die Mitte drücken und die Hefemilch dazugeben. Vermischen und auf einer bemehlten Oberfläche 5 Minuten kneten, dabei wenn nötig ein wenig Wasser zugeben. In 4 Portionen teilen.

Jede Portion in 6 Stücke teilen und zu einer Kugel formen. Abdecken und an einem warmen Ort 20 Minuten gehen lassen, bis die Größe der Kugeln sich verdoppelt hat.

Den Ofen auf 180 °C vorheizen. Jedes Bällchen zu einem Kreis mit 13 Zentimeter Ø ausrollen. Aus der Mitte jedes Kreises mit einem Ausstecher einen kleinen Kreis mit 2 Zentimeter Ø ausstechen. Die Mitte herausnehmen, die Ringe mit einer Gabel mehrfach einstechen und auf die Bleche legen. Portionsweise im Ofen 10 Minuten backen, bis das Knäckebrot fest, trocken und leicht gebräunt ist. Wenn es vollständig abgekühlt ist, in einem luftdichten Behälter aufbewahren.

VORBEREITUNG: CA. 20 MINUTEN   BACKZEIT: 10 MINUTEN

◁ SESAM-MOHN-CRACKER

250 g Mehl
1 TL Backpulver
2 EL Mohnsamen
2 EL Sesamsamen
60 g Butter, gekühlt und gehackt
125 ml Eiswasser

ERGIBT 30 STÜCK

Den Ofen auf 180 °C vorheizen. Zwei Bleche mit Backpapier auslegen.

Mehl, Backpulver und 1/2 Teelöffel Salz in eine Schüssel sieben. Mohn, Sesam und etwas Pfeffer unterrühren. Butter mit den Fingerspitzen in das Mehl reiben, bis die Mischung feinen Brotkrumen ähnelt.

Eine Vertiefung in die Mitte drücken und das Eiswasser hineingeben. Mit einem Messer mit flacher Klinge vermischen, indem man schneidende Bewegungen macht. Wenn nötig noch etwas mehr Wasser dazugeben, bis die Mischung zusammenhält. Leicht zu einem Ball zusammendrücken. Dabei vorsichtig mit dem Teig umgehen und keinesfalls kneten. In zwei Portionen teilen. Eine Portion zwischen zwei Blätter Backpapier legen und 2 Millimeter dick ausrollen. Die andere Portion mit Plastikfolie abdecken.

Mit einem Ausstecher Kreise von 6 Zentimeter Ø aus dem Teig ausstechen. Auf ein Blech legen und mehrfach mit einer Gabel einstechen. Mit dem restlichen Teig wiederholen. Reste vom Ausstechen vorsichtig zusammendrücken (nicht kneten) und wieder ausrollen. Ebenfalls Kreise daraus ausstechen. Etwa 20–25 Minuten backen, bis sie goldbraun sind. Auf einem Rost abkühlen lassen.

VORBEREITUNG: 20 MINUTEN BACKZEIT: 25 MINUTEN

EINFACHE CRACKER

250 g Mehl
1 TL Backpulver
50 g Butter, gehackt

ERGIBT 50 STÜCK

Den Ofen auf 220 °C vorheizen. Zwei Bleche mit Backpapier auslegen. Mehl und 1/2 Teelöffel Salz in eine Schüssel sieben. Butter mit einem Messer in das Mehl schneiden, dann mit den Fingerspitzen einreiben. Genug Wasser unterkneten (etwa 185 Milliliter), um einen ziemlich festen Teig zu erhalten. Einige Minuten leicht kneten, bis er glatt ist.

Auf einem bemehlten Brett sehr dünn ausrollen. Kreise ausstechen (nach Wunsch zur Dekoration ein Loch in jeden Kreis schneiden) und portionsweise 8–10 Minuten backen, bis die Kekse Blasen schlagen und bräunen. Auf einem Rost abkühlen lassen.

VORBEREITUNG: 15 MINUTEN BACKZEIT: 10 MINUTEN

KRÄUTERPFEFFERCHIPS MIT KÄSEDIP

4 Lavash-Brote oder andere dünne Fladenbrote
90 g Butter, geschmolzen
Kräuterpfeffer-Gewürzmischung zum Bestreuen
1 EL Schnittlauch, fein gehackt

KÄSEDIP
250 g Blauschimmelkäse, gehackt
60 g weiche Butter
1 EL süßer Weißwein
2 TL gehackte Minze
1 TL gehackter Rosmarin
2 TL gehackter Oregano
90 ml Crème fraîche oder saure Sahne
Schnittlauch zum Garnieren

FÜR 10 PERSONEN

Den Ofen auf 180 °C vorheizen. Alle Lavash-Brote mit Butter bestreichen. Mit Kräuterpfeffer und Schnittlauch bestreuen.

Jedes Lavash in 20 Quadrate zerschneiden. Diese jeweils zu Dreiecken halbieren. Dreiecke auf Bleche legen. Portionsweise 5 Minuten backen, bis sie knusprig sind. Herausnehmen und abkühlen lassen. Mit dem Käsedip servieren.

Für den Dip Käse und Butter mit einem elektrischen Mixer glatt und cremig rühren. Wein, Minze, Rosmarin und Oregano dazugeben und gut vermischen. Crème fraîche oder saure Sahne unterheben und mit Salz und Pfeffer abschmecken. In Schalen füllen und servieren.

VORBEREITUNG: CA. 30 MINUTEN BACKZEIT: 5 MINUTEN

TIPP: In einem luftdichten Behälter sind die Chips 2 Wochen haltbar.
Als Variation zwei zerdrückte Knoblauchzehen mit der geschmolzenen Butter vermischen. Mit geriebenem Parmesan und Schnittlauch bestreuen, zerschneiden und backen.

◁ BLÄTTERTEIGZÖPFE MIT GETROCKNETEN TOMATEN

1 große Scheibe TK-Blätterteig, aufgetaut
1 Ei, verschlagen
40 g sonnengetrocknete Tomaten, in Scheiben geschnitten

ERGIBT 8 STÜCK

Den Ofen auf 210 °C vorheizen. Ein Backblech leicht einfetten.

Blätterteig auf eine bemehlte Arbeitsfläche legen und mit Ei bestreichen. In 1 Zentimeter breite Streifen schneiden. Jeweils 3 Streifen oben zusammendrücken. Zu einem Zopf flechten und in regelmäßigen Abständen getrocknete Tomatenstücke in den Zopf stecken.

Zöpfe auf das Blech legen und 10–15 Minuten backen, bis sie aufgegangen und goldbraun sind. Wenn sie ganz abgekühlt sind, in einem luftdichten Behälter aufbewahren.

VORBEREITUNG: 10 MINUTEN BACKZEIT: 15 MINUTEN

SESAMTWISTS

1 große Scheibe TK-Blätterteig, aufgetaut
1 Ei, verschlagen
1 EL Sesam- oder Mohnsamen

ERGIBT 16 STÜCK

Den Ofen auf 210 °C vorheizen. Ein Backblech leicht einfetten.

Blätterteig auf eine bemehlte Arbeitsfläche legen und mit Ei bestreichen. Mit Sesam oder Mohn bestreuen und leicht andrücken. Teig in 1,5 Zentimeter breite Streifen schneiden. Jeweils beide Enden der Streifen festhalten und gegeneinander zweimal verdrehen.

Auf das Blech legen und 10 Minuten backen, bis sie aufgegangen und goldbraun sind. Wenn sie ganz abgekühlt sind, in einem luftdichten Behälter aufbewahren.

VORBEREITUNG: 10 MINUTEN BACKZEIT: 10 MINUTEN

KRÄUTER-KÄSE-KÜCHLEIN

TEIG
500 g Mehl
1 TL Paprikapulver
250 g Butter, gehackt
80 ml Zitronensaft
160–200 ml Eiswasser

FÜLLUNG
500 g Hüttenkäse
2 EL Kerbel, gehackt
zzgl. etwas zum Garnieren
2 EL Estragon, gehackt
2 TL Schnittlauch, gehackt
125 ml Crème double
24 schwarze Oliven, entkernt
und in Scheiben geschnitten

ERGIBT 48 STÜCK

Für den Teig Mehl, Paprika und eine Prise Salz in eine große Schüssel sieben. Die Butter mit den Fingerspitzen hineinreiben, bis die Mischung feinen Brotkrumen ähnelt. Eine Vertiefung in die Mitte drücken und Zitronensaft und Eiswasser hineingeben. Mit einem flachen Messer mit schneidenden Bewegungen vermischen, bis der Teig zusammenhält. Vorsichtig zusammendrücken und auf eine bemehlte Oberfläche geben. Zu einer Scheibe flach drücken, in Folie einwickeln und 15 Minuten kühlen.

Den Ofen auf 200 °C vorheizen. Zwei Mini-Muffinbleche mit 12 Vertiefungen einfetten. Den Teig auf einer leicht bemehlten Oberfläche 3 Millimeter dick ausrollen und mit einem Ausstecher 24 Kreise von 8 Zentimeter Ø ausstechen. In die Vertiefungen der Form legen und 8–10 Minuten goldbraun backen. Mit dem restlichen Teig wiederholen.

Für die Füllung Hüttenkäse, Kräuter und Crème double glatt verschlagen. Die Oliven und etwas Salz und Pfeffer unterrühren. In die Förmchen löffeln und mit Kerbel und schwarzem Pfeffer garnieren.

VORBEREITUNG: CA. 30 MINUTEN   BACKZEIT: 10 MINUTEN

◁ BLÄTTERTEIGTASCHEN MIT RÄUCHERFORELLE

1 große Scheibe TK-Blätterteig, aufgetaut
1 Ei, verschlagen
Sesamsamen zum Bestreuen
250 g fettarmer Frischkäse
2 EL Kapern, abgespült, abgetropft und gehackt
2 Frühlingszwiebeln, fein gehackt
2 EL Dill, gehackt
320 g Räucherforellenfilets, zerpflückt

ERGIBT 36 STÜCK

Den Ofen auf 220 °C vorheizen. Zwei Backbleche leicht einfetten. Aus dem Blätterteig 36 kleine Quadrate schneiden. Die Oberseiten mit verschlagenem Ei bestreichen und mit Sesam bestreuen.

Auf die Bleche legen und 8 Minuten backen, bis sie aufgegangen und gut gebräunt sind. Abkühlen lassen und horizontal durchschneiden.

Frischkäse weich rühren und mit Kapern, Frühlingszwiebeln und Dill mischen. Auf die Böden der Quadrate streichen, mit etwas Räucherforelle bedecken und den Deckel leicht schräg wieder aufsetzen.

VORBEREITUNG: CA. 25 MINUTEN BACKZEIT: 10 MINUTEN

WÜRZIGE WANTANSTREIFEN

6 frische Wantanteighüllen
Öl zum Frittieren
1 TL chinesisches Fünf-Gewürze-Pulver
1 EL Meersalz, leicht zerdrückt

ERGIBT 35 STÜCK

Wantanteighüllen mit einer Schere in 1 Zentimeter breite Streifen schneiden.

Einen tiefen Wok oder eine Pfanne zu einem Drittel mit Öl füllen und auf 180 °C erhitzen oder bis ein hineingeworfener Brotwürfel in 15 Sekunden bräunt. Die Wantanstreifen darin portionsweise schnell goldbraun frittieren, mit einem Schaumlöffel herausheben und auf Küchenpapier abtropfen lassen. Noch heiß mit Fünf-Gewürze-Pulver und Meersalz bestreuen. Abkühlen lassen und in einem luftdichten Behälter aufbewahren.

VORBEREITUNG: CA. 5 MINUTEN GARZEIT: 10 MINUTEN

MEXIKANISCHER SCHICHTDIP

GUACAMOLE
3 reife Avocados
1 kleine Tomate
1–2 rote Chilis, fein gehackt
1 kleine rote Zwiebel, fein gehackt
1 EL Korianderblätter, gehackt
1 EL Limetten- oder Zitronensaft
2 EL saure Sahne
1–2 Tropfen Habañero- oder Tabascosauce

450 g Refried Beans, alternativ zerdrückte Kidneybohnen aus der Dose
35 g Taco-Gewürzmischung
300 g saure Sahne
200 ml fertige Salsasauce
60 g geriebener Cheddarkäse
2 EL gehackte, entkernte schwarze Oliven
200 g Tortillachips
gehackte Korianderblätter zum Garnieren

FÜR 12 PERSONEN

Für die Guacamole das Avocadofruchtfleisch grob hacken. In eine Schüssel geben und mit einer Gabel leicht zerdrücken. Die Tomate quer durchschneiden und die Kerne herauslöffeln. Fruchtfleisch fein würfeln und zur Avocado geben. Chili, Zwiebel, Koriander, Limetten- oder Zitronensaft, saure Sahne und Tabascosauce dazugeben. Abschmecken, abdecken und bis zum Verzehr kühlen.

Bohnenpüree und Taco-Gewürz in einer kleinen Schüssel mischen.

Die Bohnen auf eine große Platte streichen, dabei einen Rand für die Tortillachips frei lassen. Die saure Sahne darauf verteilen, dabei einen Rand des Bohnenpürees frei lassen. Mit Guacamole und Salsa wiederholen, sodass man einen Rand jeder Schicht sehen kann. Mit Käse und Oliven bestreuen.

Kurz vor dem Servieren Tortillachips um den Rand verteilen und mit Koriander garnieren. Die restlichen Chips in einer Schüssel dazu reichen.

VORBEREITUNG: 1 STUNDE GARZEIT: KEINE

TIPPS: Tabasco und Habañerosauce werden beide aus sehr scharfen Chilis gemacht. Schmecken Sie deshalb vorsichtig ab, bevor Sie zu viel hinzufügen.

Der Dip kann 2 Stunden im Voraus zubereitet werden, wenn er abgedeckt gekühlt wird.

◁ THAI-RINDFLEISCHSALAT IN GURKENBECHERN

MARINADE
80 ml Ketjap Manis
80 ml Limettensaft
1 rote Chili, in dünnen Scheiben
1 EL Sesamöl

250 g Rinderfilet
7 Landgurken

SALAT
½ Zitronengrasstängel (nur der weiße Teil), fein gehackt
60 ml Limettensaft
1–2 rote Chilis, in dünnen Scheiben
20 g Minze, fein gehackt
20 g Korianderblätter, fein gehackt
1 EL Fischsauce

ERGIBT 30 STÜCK

Alle Marinadezutaten vermischen. Fleisch in eine nichtmetallische Schüssel geben, die Marinade darübergießen und mindestens 2 Stunden oder über Nacht im Kühlschrank marinieren. Vor dem Grillen Raumtemperatur annehmen lassen.

Fleisch auf einem Grill oder in einer Grillpfanne garen. Für medium gebratenes Fleisch 7 Minuten grillen oder bis der gewünschte Zustand erreicht ist. Abkühlen lassen, dann in dünne Streifen schneiden. Alle Zutaten für den Salat vermengen und das Fleisch darunterheben.

Die Enden der Gurken abschneiden und den Rest in 3 Zentimeter dicke Scheiben schneiden. Mit einem Melonenbällchenausstecher etwas Fruchtfleisch herausheben, sodass Becher mit ca. 1 Zentimeter dicken Wänden entstehen. Diese mit dem Rindfleischsalat füllen.

VORBEREITUNG: CA. 25 MINUTEN GARZEIT: 10 MINUTEN

TIPP: Salat und Gurkenbecher getrennt vorbereiten, beides im Kühlschrank aufbewahren und erst kurz vor dem Servieren füllen.

GEFÜLLTE ZUCCHINI

4 große Zucchini
125 g Schweinehackfleisch
60 g rohe Garnelen oder Krabben, gehackt
2 Knoblauchzehen, zerdrückt
2 EL Korianderblätter, gehackt
½ TL Zucker
2 Limettenblätter, gehackt
2 rote asiatische Schalotten, fein gehackt
60 ml Kokoscreme
2 TL Fischsauce
1 EL ungesalzene Erdnüsse, gehackt

ERGIBT ETWA 24 STÜCK

Zucchini in 4 Zentimeter dicke Scheiben schneiden. Mit einem Melonenbällchenstecher das Innere herausstechen, sodass 5 Millimeter dicke Körbchen entstehen.

Schweinefleisch, Garnelen, Knoblauch, Koriander, Zucker, Limettenblätter, Schalotten, 2 Esslöffel Kokoscreme und Fischsauce mischen. In die Zucchinikörbchen füllen. Abdecken und bis kurz vor dem Servieren kühlen.

Körbchen in einem Bambus- oder Metalldämpfer über kochendem Wasser platzieren. Abdecken und 10 Minuten dämpfen, bis die Füllung gar ist und die Zucchini weich sind. Mit Kokoscremekleksen und Erdnüssen bestreut servieren.

VORBEREITUNG: 30 MINUTEN GARZEIT: 10 MINUTEN

OLIVEN-MANDEL-SCHWEINSOHREN

75 g schwarze Oliven, entkernt und gehackt
95 g gemahlene Mandeln
25 g geriebener Parmesan
2 EL gehacktes Basilikum
60 ml Olivenöl
2 TL körniger Senf
2 große Scheiben TK-Blätterteig, aufgetaut
60 ml Milch

ERGIBT ETWA 24 STÜCK

Den Ofen auf 200 °C vorheizen. Zwei Backbleche mit Backpapier auslegen. In der Küchenmaschine Oliven, Mandeln, Parmesan, Basilikum, Öl, Senf, eine Prise Salz und 1/2 Teelöffel zerdrückten schwarzen Pfeffer zu einer Paste verarbeiten.

Ein Teigblatt ausbreiten und gleichmäßig mit der Hälfte der Oliven-Mandel-Paste bestreichen. Zwei gegenüberliegende Seiten zur Mitte falten, sodass sie sich dort treffen.

Nochmals auf dieselbe Art falten. Mit Milch bestreichen. Den Vorgang mit dem zweiten Teigblatt und der restlichen Füllung wiederholen. In 1,5 Zentimeter dicke Scheiben schneiden. Diese auf die Bleche legen und leicht zu einem V formen, sodass die Seiten sich leicht nach außen kurven. Zwischen den Scheiben genügend Platz zum Aufgehen lassen. 15–20 Minuten backen, bis sie aufgegangen und goldbraun sind. Auf einem Rost abkühlen lassen und bei Raumtemperatur servieren.

VORBEREITUNG: 30 MINUTEN   BACKZEIT: 20 MINUTEN

TIPPS: Schweinsohren können bis zu 6 Stunden im Voraus gebacken und in einem luftdichten Behälter aufbewahrt werden.

Man kann auch fertige Olivenpaste verwenden.

◁ TARTELETTS MIT MAIS UND PAPRIKA

3 große Scheiben TK-Blätterteig, aufgetaut
310 g Maiskörner aus der Dose, abgetropft
150 g roter Leicester-Käse, gerieben
1 kleine rote Paprika, fein gehackt
2 Eier, leicht verschlagen
60 ml Buttermilch
170 ml Crème double
1 TL Dijonsenf
1 Spritzer Tabascosauce
klein geschnittener Schnittlauch zum Garnieren

ERGIBT ETWA 36 STÜCK

Den Ofen auf 200 °C vorheizen. Drei Mini-Muffinbleche mit je 12 Vertiefungen leicht einfetten. Mit einem Ausstecher Kreise von 6 Zentimeter Ø aus dem Teig ausstechen. In die Vertiefungen der Muffinbleche drücken und mit einer Gabel mehrfach einstechen.

Mais, Käse und Paprika in einer Schüssel mischen und würzen. Eier, Buttermilch, Crème Double, Senf und Tabascosauce mischen. Etwas Gemüsemischung in die Teigförmchen löffeln und die Eiermischung darüber gießen, bis die Förmchen fast voll sind. 20–25 Minuten backen, bis die Tarteletts aufgegangen und gestockt sind. Kalt mit Schnittlauch garniert servieren.

VORBEREITUNG: 20 MINUTEN BACKZEIT: 25 MINUTEN

TIPP: Die Tarteletts können im Voraus zubereitet und im Kühlschrank in einem luftdichten Behälter einen ganzen Tag oder im Tiefkühlfach bis zu 2 Monate aufbewahrt werden.

RÄUCHERLACHS-RUCOLA-RÖLLCHEN

200 g Ricotta
60 g Crème fraîche oder saure Sahne
2 TL Wasabipaste
1 EL Limettensaft
12 Scheiben Vollkorntoast ohne Rinde
300 g Räucherlachs
100 g junge Rucola, geputzt, zzgl. einige Blätter zum Garnieren

ERGIBT 36 STÜCK

Ricotta und Crème fraîche oder saure Sahne mit Wasabi und Limettensaft in einer Schüssel mischen.

Brotscheiben mit einem Nudelholz flach rollen.

Den Ricotta darauf verstreichen und Lachs und Rucola darauf verteilen, dabei einen Rand frei lassen. Längs aufrollen, fest in Plastikfolie einwickeln und 30 Minuten in den Kühlschrank legen, damit die Rollen die Form halten.

Auswickeln, die Enden abschneiden und in 2 Zentimeter dicke Scheiben schneiden. Mit Rucolablättern garnieren.

VORBEREITUNG: CA. 20 MINUTEN GARZEIT: KEINE

VIETNAMESISCHE FRÜHLINGS-ROLLEN IN SALATHÜLLE

50 g getrocknete Glasnudeln
2 EL Mu-Err-Pilze
20 Reispapierblätter
500 g Garnelen oder Shrimps, geschält, entdarmt und fein gehackt
150 g Schweinehackfleisch
4 Frühlingszwiebeln, gehackt
45 g Sojasprossen, grob gehackt
1 TL Zucker
1 Ei, verschlagen
Öl zum Frittieren
20 Salatblätter
90 g Sojasprossen zusätzlich
1 große Handvoll Minze

VIETNAMESISCHE SAUCE ZUM DIPPEN
2 EL Fischsauce
2 EL gehackte Korianderblätter
1 TL gehackte rote Chili
1 TL weicher brauner Zucker

ERGIBT 20 STÜCK

Glasnudeln und Pilze in getrennte hitzebeständige Schüsseln geben. Mit heißem Wasser bedecken und 10 Minuten stehen lassen, bis sie weich sind. Beide abgießen und die Pilze grob hacken.

Mit einem Pinsel beide Seiten jedes Reispapierblatts großzügig mit Wasser bestreichen. Etwa 2 Minuten stehen lassen, bis die Blätter weich und formbar sind. Auf einen Teller stapeln, etwas mehr Wasser darüberträufeln und mit Plastikfolie abdecken, damit sie feucht bleiben.

Glasnudeln, Pilze, Garnelen- und Schweinefleisch, Frühlingszwiebeln, Sojasprossen, Zucker, Salz und Pfeffer in einer Schüssel vermischen.

Einen Esslöffel der Füllung auf den unteren Rand eines Reispapiers geben. Die Seiten überfalten und fest aufrollen. Den Rand mit verschlagenem Ei bestreichen. Mit den restlichen Hüllen und der Füllung ebenso verfahren.

Überschüssiges Wasser mit Küchenpapier aus den Röllchen drücken. Etwa 4–5 Zentimeter Öl in einem Wok oder in einer tiefen Bratpfanne auf 180 °C erhitzen, bis ein Brotwürfel in 15 Sekunden bräunt. Die Frühlingsrollen portionsweise hineingeben und in 2–3 Minuten dunkel goldbraun frittieren. Auf Küchenpapier abtropfen lassen.

Eine Frühlingsrolle in jedes Salatblatt legen, einen Esslöffel Sojasprossen und zwei Minzeblätter dazugeben und zu einem ordentlichen Päckchen einrollen. Mit der Sauce servieren.

Für die Sauce zum Dippen alle Zutaten in einer Schüssel mit 2 Esslöffel kaltem Wasser gut vermischen.

VORBEREITUNG: CA. 50 MINUTEN GARZEIT: 20 MINUTEN

◁ JAKOBSMUSCHELFRITTER

250 g Jakobsmuscheln
6 Eier
25 g Parmesankäse, gerieben
3 Knoblauchzehen, zerdrückt
125 g Mehl
2 EL gehackter Thymian
2 EL gehackter Oregano
Öl zum Frittieren
Mayonnaise zum Dippen

ERGIBT 40 STÜCK

Jakobsmuscheln säubern und grob hacken. Eier leicht verschlagen und mit Parmesan, Knoblauch, Mehl und Kräutern verrühren. Jakobsmuscheln unterheben.

In einer tiefen Pfanne 3 Zentimeter Öl auf 180 °C erhitzen, bis ein Brotwürfel darin in 15 Sekunden bräunt. Die Jakobsmuschelstücke portionsweise frittieren. Dazu den Teig esslöffelweise ins Öl geben und in 4–5 Minuten goldbraun frittieren. Auf Küchenpapier abtropfen lassen und leicht salzen. Mit Mayonnaise zum Dippen servieren.

VORBEREITUNG: 20 MINUTEN GARZEIT: 20 MINUTEN

FRITTIERTE KÄSEWÜRFEL

175 g fester Fetakäse am Stück
125 g Mozzarella
40 g Mehl
1 Ei, verschlagen
50 g Semmelbrösel
Öl zum Frittieren

ERGIBT ETWA 35–40 STÜCK

Feta und Mozzarella in 2 Zentimeter große Würfel schneiden. Mehl und ¼ Teelöffel schwarzen Pfeffer auf einem Blatt Backpapier mischen. Käse im Mehl wenden und leicht abschütteln.

Käsewürfel in das Ei tauchen und in den Semmelbröseln panieren. Auf ein mit Folie ausgelegtes Blech legen und 25 Minuten kühlen.

In einer tiefen Pfanne 3 Zentimeter Öl auf 180 °C erhitzen, bis ein Brotwürfel darin in 15 Sekunden bräunt. Jeweils einige Käsewürfel gleichzeitig in 2–3 Minuten goldbraun und knusprig frittieren. Auf Küchenpapier abtropfen lassen.

VORBEREITUNG: CA. 15 MINUTEN GARZEIT: 30 MINUTEN

TIPP: Mit süßer Chilisauce, Pflaumensauce oder Preiselbeeren servieren.

SESAMPFANNKUCHEN-STAPEL

185 g Mehl
1 TL Backpulver
50 g Sesamsamen, trocken geröstet
2 TL fein geriebene Orangenschale
2 Eier
2 TL Sesamöl
250 ml Milch
80 ml Orangensaft
Butter oder Öl für die Pfanne
125 g getrocknete Tomaten, fein gehackt

FÜLLUNG
200 g Frischkäse
2 EL gehacktes Koriandergrün

ERGIBT ETWA 30 STÜCK

Mehl und eine Prise Salz in eine Schüssel sieben, Sesam und Orangenschale unterrühren und eine Vertiefung in die Mitte drücken. Mit einer Gabel nach und nach das verschlagene Ei, Sesamöl, Milch und Orangensaft unterrühren, sodass ein glatter Teig entsteht. 15 Minuten ruhen lassen.

Eine Pfanne erhitzen und dünn mit geschmolzener Butter oder Öl einpinseln. Etwa 80 Milliliter Teig hineingeben und bei mittlerer Hitze 3–4 Minuten braten, bis sich Blasen an der Oberfläche zeigen. Umdrehen und die andere Seite braten. Auf einen Teller geben und mit einem Küchenhandtuch abdecken, während man den restlichen Teig brät.

Mit Plätzchenausstechern verschiedene Formen ausstechen (es werden jeweils drei gleiche Formen übereinander gestapelt).

Für die Füllung Frischkäse und Koriander verrühren und damit immer drei Pfannkuchenplätzchen zusammenkleben. Mit getrockneter Tomate garnieren.

VORBEREITUNG: CA. 35 MINUTEN GARZEIT: 20 MINUTEN

TIPP: Die Stapel können einen Tag im Voraus zubereitet und zusammengesetzt werden. In einem luftdichten Behälter im Kühlschrank aufbewahren.

◁ MINI-SANDWICHS MIT PUTE UND BRIE

8 Scheiben weißes Sandwichbrot
100 g Preiselbeerkompott
120 g Putenbrust, in Scheiben
120 g Brie, in Scheiben
4 Kopfsalatblätter

ERGIBT 16 STÜCK

Brotrinden abschneiden. Alle Scheiben mit Preiselbeerkompott bestreichen. Putenbrust, Brie und Salatblätter darauflegen und zu Sandwichs zusammenklappen. Jedes Sandwich in vier Dreiecke schneiden und servieren.

VORBEREITUNG: 10 MINUTEN GARZEIT: KEINE

HÜHNCHENSANDWICHS MIT RUCOLA UND WALNÜSSEN

2 EL Öl
250 g Hühnchenbrust ohne Knochen und Haut
500 g Hühnchenkeulen ohne Knochen und Haut
250 g Mayonnaise
100 g Sellerie, fein gehackt
90 g gehackte Walnüsse
20 Scheiben Sandwichbrot
1 große Handvoll Rucola

ERGIBT 30 STÜCK

Öl in einer Pfanne auf mittlerer Flamme erhitzen und die Hühnchenbrüste und -keulen darin gar braten. Abkühlen lassen und fein hacken.

Mit Mayonnaise, Sellerie und Walnüssen mischen. Mit Salz und Pfeffer abschmecken.

Die Sandwichs mit diesem Hühnchensalat belegen und jeweils etwas Rucola dazugeben. Die Rinden abschneiden und jedes Sandwich in drei Streifen schneiden.

VORBEREITUNG: CA. 15 MINUTEN GARZEIT: 15 MINUTEN

MINI-QUICHE-LORRAINES

3 große Scheiben TK-Mürbeteig, aufgetaut
60 g Greyerzer, gerieben
30 g Butter
2 Scheiben Frühstücksspeck, fein gewürfelt
1 Zwiebel, fein gehackt
2 Eier
185 ml Sahne
1/2 TL Muskatnuss, frisch gerieben
Schnittlauch zum Garnieren, in kurze Stücke geschnitten

ERGIBT 24 STÜCK

Den Ofen auf 190 °C vorheizen. Zwei Mini-Muffinbleche mit je 12 Vertiefungen leicht einfetten. Mit einem Ausstecher Kreise von 8 Zentimeter Ø aus dem Teig ausstechen und in die Vertiefungen drücken. Den Käse gleichmäßig auf diese Förmchen verteilen. Abdecken und kühlen, während man die Füllung vorbereitet.

Butter in einer kleinen Pfanne erhitzen und Speck und Zwiebel darin 2–3 Minuten weich dünsten. Auf Küchenpapier abtropfen lassen. Abkühlen lassen und auf die Förmchen verteilen. Eier in einer Schüssel mit Sahne, Muskat und etwas frisch gemahlenem schwarzen Pfeffer verschlagen. Vorsichtig über die Zwiebelmischung verteilen.

Einige Schnittlauchstängel zur Dekoration auf jede Quiche legen. Etwa 20 Minuten backen, bis sie leicht gebräunt sind und das Ei gestockt ist. Bei Zimmertemperatur servieren.

VORBEREITUNG: CA. 20 MINUTEN BACKZEIT: 20 MINUTEN

TIPPS: Diese Quiches können bis zu 2 Tage im Voraus zubereitet und in einem luftdichten Behälter im Kühlschrank aufbewahrt werden. In einzelnen Schichten können sie bis zu 2 Monate tiefgekühlt werden. Bei 180 °C im Ofen wieder erwärmen.

◁ PAN BAGNAT

4 Krustenbrötchen oder 1 Baguette, in 4 Stücke geschnitten
1 Knoblauchzehe
60 ml Olivenöl
1 EL Rotweinessig
3 EL zerrupfte Basilikumblätter
2 Tomaten, in Scheiben
2 hart gekochte Eier, in Scheiben
75 g Thunfisch aus der Dose
8 Anchovisfilets
1 Landgurke, in Scheiben
1/2 grüne Paprika, in dünnen Streifen
1 französische Schalotte, in dünnen Scheiben

FÜR 4 PERSONEN

Brötchen oder Baguettestücke halbieren und etwas weiche Krume aus dem oberen Teil entfernen. Knoblauchzehe halbieren und das Brot mit der Schnittseite einreiben. Beide Brotseiten mit Olivenöl und Essig beträufeln und mit Salz und Pfeffer würzen.

Die restlichen Zutaten auf der unteren Brothälfte arrangieren, die Oberseite darüberklappen und fest mit Folie umwickeln. Mit einem leichten Gewicht beschwert fest zusammendrücken und an einem kühlen Ort 1 Stunde ziehen lassen.

VORBEREITUNG: CA. 15 MINUTEN GARZEIT: KEINE

PILZSCHNITTEN MIT SPECK

1 Eigelb, leicht verschlagen
2 große Scheiben TK-Mürbeteig, aufgetaut
2 EL Öl
375 g Champignons, fein gehackt
4 Scheiben Frühstücksspeck, fein gehackt
4 Frühlingszwiebeln, fein gehackt
15 g glatte Petersilie, fein gehackt
250 g Frischkäse, weich gerührt
4 Eier

ERGIBT 18 STÜCK

Den Ofen auf 210 °C vorheizen. Eine flache quadratische Backform mit 23 Zentimeter Seitenlänge leicht einfetten. Eigelb auf eine Teigschicht streichen. Die andere Teigschicht darüberlegen und leicht zusammenpressen. Die Ränder beschneiden, damit es in die Form passt. Teig mit einer Gabel mehrfach einstechen und 15 Minuten goldbraun backen. Ofentemperatur auf 180 °C verringern.

Öl in einer schweren Pfanne erhitzen. Pilze dazugeben und bei mittlerer Hitze 5 Minuten gut anbräunen. Vom Herd nehmen und Speck, Frühlingszwiebeln und Petersilie unterrühren. Mit Salz und Pfeffer abschmecken und abkühlen lassen.

Frischkäse und Eier in einer kleinen Schüssel mit dem elektrischen Mixer 5 Minuten schlagen. Die abgekühlte Pilzmischung hineingeben und unterrühren. Diese Mischung auf den vorgebackenen Teig geben. Weitere 25 Minuten backen, bis der Belag fest und leicht gebräunt ist. In der Form abkühlen lassen und zum Servieren in kleine Dreiecke schneiden.

VORBEREITUNG: CA. 15 MINUTEN BACKZEIT: 45 MINUTEN

MINI-SCONES MIT SCHINKEN, LAUCH UND PORTWEINFEIGEN

250 g Mehl
3 TL Backpulver
110 g Butter
100 g Stilton-Käse
2 EL klein geschnittener Schnittlauch
185 ml Milch

FÜLLUNG
250 ml Portwein
6 große getrocknete Feigen, Stiele entfernt
1 TL Zucker
1 große Lauchstange
1 TL Dijonsenf
2 TL Rotweinessig
1 EL Olivenöl
150 g dünn geschnittener Schinken

ERGIBT ETWA 40 STÜCK

Mehl, Backpulver und 2 Prisen Salz in eine große Schüssel sieben. Butter und Käse grob in das Mehl raspeln und mit den Fingerspitzen einreiben, bis die Mischung groben Brotkrumen ähnelt. Schnittlauch unterrühren. Die Milch mit einer Gabel unterrühren, bis sich große Klumpen bilden. Auf eine bemehlte Oberfläche geben und zu einer Kugel zusammendrücken.

Den Ofen auf 220 °C vorheizen. Den Teig auf einer bemehlten Oberfläche zu einem 15 x 25 Zentimeter großen Rechteck ausrollen. Die beiden kurzen Enden zur Mitte falten, sodass sie sich treffen, dann einmal quer zusammenfalten. Wieder auf ein 15 x 25 Zentimeter großes Rechteck von 1 Zentimeter Dicke ausrollen. Mit einem Ausstecher Kreise von 3 Zentimeter Ø ausstechen. Teigreste zusammenschieben, wieder ausrollen und ausstechen. Mit 2,5 Zentimeter Abstand auf ein Blech legen und 20 Minuten kühlen. Etwa 10–12 Minuten backen, bis sie leicht gebräunt sind.

Portwein, Feigen und Zucker in einem kleinen Topf aufkochen, die Hitze reduzieren und 15 Minuten köcheln lassen. Die Feigen herausnehmen und grob hacken, sobald sie abgekühlt sind. Die Kochflüssigkeit 3 Minuten kochen, bis sie sirupartig eingekocht ist. Die Feigen wieder hineingeben, umrühren und beiseitestellen.

Harte Blätter vom Lauch entfernen, dann waschen. Den dunkelgrünen Teil abschneiden. Lauch längs fast bis zum Boden aufschlitzen, um ein Viertel drehen und noch mal einschneiden. Das Innere gut waschen, abtropfen lassen und 10 Minuten dämpfen, bis der Lauch sehr weich ist. Grob hacken, dann mit Senf, Essig und Öl mischen und mit Salz und Pfeffer abschmecken.

Scones halbieren. Ein gefaltetes Stück Schinken hineinlegen, mit jeweils einem Teelöffel Lauch und Feigen füllen und den Deckel wieder aufsetzen.

VORBEREITUNG: CA. 40 MINUTEN GARZEIT: 45 MINUTEN

◁ BOREK

400 g Fetakäse
2 Eier, verschlagen
2 große Handvoll glatte Petersilie, gehackt
375 g Filoteig
80 ml Olivenöl

ERGIBT 24 STÜCK

Den Ofen auf 180 °C vorheizen. Ein Backblech leicht einfetten. Feta mit den Fingern in eine große Schüssel bröckeln. Eier und Petersilie untermischen und mit frisch gemahlenem schwarzen Pfeffer würzen.

Filoteig mit einem feuchten Küchenhandtuch abdecken, damit er nicht austrocknet. Jeweils ein Blatt herausnehmen und dünn mit Olivenöl bestreichen. Vier Blätter aufeinanderschichten und in vier 7 Zentimeter breite Streifen schneiden.

Zwei gehäufte Teelöffel der Fetamischung in eine Ecke jedes Streifens setzen und diagonal falten, sodass dreieckige Kissen entstehen. Mit der Naht nach unten auf das Blech setzen und mit Olivenöl bestreichen. Mit den restlichen Filoteigblättern wiederholen, bis 24 Päckchen entstanden sind. In 20 Minuten goldgelb backen.

VORBEREITUNG: 1 STUNDE   BACKZEIT: 20 MINUTEN

LINSENFRIKADELLEN MIT TOMATENRELISH

185 g braune Linsen
1 Lorbeerblatt
1 Zwiebel, grob gehackt
1 Knoblauchzehe, zerdrückt
1 kleine Lauchstange, in dünnen Scheiben
1 kleine Karotte, fein geraspelt
80 g frische Brotkrumen
2 Eigelb
2 EL Koriandergrün, gehackt
2 EL Öl
8 Scheiben Brot, in 4 cm große Quadrate geschnitten
fertiges Tomatenrelish zum Servieren

Linsen und Lorbeerblatt in einen Topf geben und mit viel Wasser bedecken. Aufkochen und in 20–30 Minuten weich köcheln. Gut abtropfen und Lorbeerblatt entfernen.

Die Hälfte der Linsen mit Zwiebel und Knoblauch in der Küchenmaschine zu einer glatten Paste verarbeiten. In einer Schüssel mit den restlichen Linsen, Lauch, Karotte, Brotkrumen, Eigelben und Koriander mischen. Abschmecken und gestrichene Esslöffel zu Mini-Frikadellen formen.

Etwas Öl in einer antihaftbeschichteten Pfanne erhitzen und die Frikadellen portionsweise auf beiden Seiten braun braten. Nach Bedarf mehr Öl zugeben. Auf Küchenpapier abtropfen lassen und warm auf Brotstückchen mit einem Klecks Tomatenrelish servieren.

ERGIBT 32 STÜCK

VORBEREITUNG: 40 MINUTEN   GARZEIT: 55 MINUTEN

TAMALEPIES MIT RINDFLEISCH UND BOHNEN

1 EL Öl
1 kleine Zwiebel, fein gehackt
250 g Rinderhackfleisch
1 Knoblauchzehe, zerdrückt
$^1/_4$ TL Chilipulver
200 g gehackte Tomaten aus der Dose
375 ml Rinderbrühe
300 g rote Kidneybohnen aus der Dose, abgetropft
360 g Masa Harina
1 TL Backpulver
125 g Butter, gekühlt und gehackt
125 g Cheddar, gerieben
Saure Sahne zum Servieren

ERGIBT 30 STÜCK

Für die Füllung Öl in einer Pfanne bei mittlerer Flamme erhitzen. Zwiebel darin 3–4 Minuten glasig dünsten. Die Hitze erhöhen, Fleisch dazugeben und rundum bräunen. Knoblauch, Chili, Tomaten und 125 Milliliter Brühe dazugeben. Aufkochen, die Hitze reduzieren und 35 Minuten köcheln lassen, bis die Masse zu einer dicken Sauce eingekocht ist. Bohnen unterrühren und abkühlen lassen.

In tiefen Mini-Muffinformen 30 Vertiefungen leicht einfetten. Masa Harina, Backpulver und eine Prise Salz in eine Schüssel sieben. Die Butter mit den Fingerspitzen einreiben, bis die Mischung feinen Brotkrumen ähnelt. Eine Vertiefung in die Mitte drücken und mit einem flachen Messer die restliche Brühe untermischen. Mit den Händen zu einer Kugel zusammendrücken. Dritteln und zwei Drittel zwischen zwei Blatt Backpapier ausrollen. Mit einem Ausstecher Kreise von 7 Zentimeter Ø ausstechen und in die Vertiefungen drücken. Ränder abschneiden und übrig gebliebenen Teig aufbewahren.

Den Ofen auf 200 °C vorheizen. Füllung in die Teigförmchen löffeln und mit Cheddar bestreuen. Den restlichen Teig ausrollen und in Kreise mit 4 Zentimeter Ø schneiden, die als Deckel auf die Pies gelegt werden. Die Ränder mit Wasser bestreichen und leicht zusammendrücken. Etwa 20–25 Minuten backen, bis der Teig knusprig und leicht gebräunt ist. Mit saurer Sahne servieren.

VORBEREITUNG: CA. 1 STUNDE GARZEIT: 1 STUNDE 5 MINUTEN

TIPP: Masa Harina ist ein weißes Mehl aus Mais.

◁ BRATWURSTRÖLLCHEN

3 große Scheiben TK-Blätterteig, aufgetaut
2 Eier, verschlagen
750 g Bratwurstbrät
1 Zwiebel, fein gehackt
1 Knoblauchzehe, zerdrückt
80 g frische Brotkrumen
3 EL gehackte glatte Petersilie
3 EL gehackter Thymian
1/2 TL gemahlener Salbei
1/2 TL frisch geriebene Muskatnuss
1/2 TL gemahlene Nelken

ERGIBT 36 STÜCK

Den Ofen auf 200 °C vorheizen. Zwei Backbleche leicht einfetten. Blätterteigscheiben halbieren und die Ränder dünn mit Ei bestreichen.

Die Hälfte des restlichen Eis mit den übrigen Zutaten mischen und in 6 gleich große Portionen teilen. Die Füllung auf die Mitte jedes Teigstreifens zu einem Streifen löffeln oder spritzen, dann die Ränder mit etwas Ei bestreichen. Teig über die Füllung falten, Ränder etwas überlappen und mit der Naht nach unten drehen. Rollen mit mehr Ei bestreichen und jeweils in 6 kurze Stücke schneiden.

In jedes Röllchen oben zwei kurze Einschnitte machen. 15 Minuten backen, die Temperatur auf 180 °C verringern und weitere 15 Minuten backen, bis sie aufgegangen und goldgelb sind.

VORBEREITUNG: 30 MINUTEN   BACKZEIT: 30 MINUTEN

WÜRZIGE WÜRSTCHEN IM SCHLAFROCK

2 große Scheiben TK-Mürbeteig, aufgetaut
2 EL Dijonsenf
5 lange Cabanossi-Würstchen
1 Eigelb, verschlagen

ERGIBT ETWA 25 STÜCK

Den Ofen auf 200 °C vorheizen. Jede Teigscheibe halbieren. Dreiecke mit einer unteren Seitenlänge von 6 Zentimeter abschneiden. Einen kleinen Klecks Senf auf den unteren Rand der Dreiecke geben. Cabanossi in 7 Zentimeter lange Stücke schneiden und auf den Senf legen.

Die Spitzen der Dreiecke mit etwas Wasser anfeuchten. Teig von der unteren Seite um die Cabanossi herum aufrollen und die Spitze vorsichtig an den restlichen Teig andrücken.

Diese Röllchen auf ein leicht gefettetes Backblech legen und mit einer Mischung aus Eigelb und 2 Teelöffel Wasser bestreichen. In 15–20 Minuten goldbraun backen.

VORBEREITUNG: 20 MINUTEN   BACKZEIT: 20 MINUTEN

TIPP: Würstchen im Schlafrock können 2 Tage im Voraus zubereitet werden, im Kühlschrank aufbewahrt und dann langsam im Ofen erwärmt werden.

WÜRZIGE KARTOFFEL-EMPANADAS

60 ml Olivenöl
1 kleine Zwiebel, fein gewürfelt
2 Frühlingszwiebeln, in dünne Scheiben geschnitten
1 Knoblauchzehe, zerdrückt
100 g Rinderhackfleisch
1 TL gemahlener Kreuzkümmel
1 TL getrockneter Oregano
125 g Kartoffeln, gewürfelt
4 große Scheiben TK-Blätterteig, aufgetaut
50 g schwarze Oliven, entsteint und geviertelt
1 hart gekochtes Ei, fein gehackt
1 Ei, getrennt
1 Prise Paprika
1 Prise Zucker

ERGIBT 32 STÜCK

Einen Esslöffel Öl in einer schweren Pfanne erhitzen, Zwiebel und Frühlingszwiebel hineingeben und 5 Minuten rühren. Knoblauch dazugeben und weitere 3 Minuten braten. Alles aus der Pfanne nehmen und beiseitestellen.

Einen weiteren Esslöffel Öl in der Pfanne erhitzen, das Fleisch dazugeben und auf mittlerer Flamme rundum anbräunen, dabei größere Brocken mit einer Gabel zerkleinern. Die Zwiebelmischung dazugeben und gut umrühren.

Kreuzkümmel, Oregano und je ½ Teelöffel Salz und schwarzen Pfeffer dazugeben und weitere 2 Minuten rühren. In eine Schüssel geben und abkühlen lassen. Die Pfanne mit Küchenpapier auswischen.

Wieder 1 Esslöffel Öl in der Pfanne erhitzen und die Kartoffeln darin auf großer Flamme 1 Minute anbraten. Die Hitze reduzieren und 5 Minuten rühren, bis die Kartoffeln weich sind. Leicht abkühlen lassen und vorsichtig mit der Fleischmischung vermischen.

Den Ofen auf 200 °C vorheizen. Mit einem Ausstecher Kreise von 8 Zentimeter Ø aus dem Teig ausstechen. Zwei Backbleche leicht einfetten.

Gehäufte Teelöffel der Fleischmischung auf eine Seite der Teigkreise geben, dabei einen Rand lassen, der breit genug ist, um die Empanadas zu verschließen. Einige Olivenviertel und etwas gehacktes Ei auf das Fleisch geben. Den Teigrand mit Eiweiß bestreichen. Vorsichtig die andere Teigseite überfalten, sodass ein Halbmond entsteht, und die Ränder zusammenpressen. Mit einer bemehlten Gabel ein Muster auf die Ränder drücken und vorsichtig auf die Bleche legen. Eigelb, Paprika und Zucker mischen und die Empanadas damit bestreichen. 15 Minuten backen, bis sie goldbraun und aufgegangen sind.

VORBEREITUNG: 1 STUNDE GARZEIT: 40 MINUTEN

TIPP: Die Empanadas können 2 Tage im Kühlschrank oder 2 Monate im Tiefkühlfach aufbewahrt werden.

◁ KOFTAS

500 g Lammhackfleisch
1 kleine Zwiebel, fein gehackt
1 Knoblauchzehe, zerdrückt
1 TL gemahlener Koriander
1 TL gemahlener Kreuzkümmel
¼ TL gemahlener Zimt
½ TL fein gehackte rote Chili
1 TL Tomatenmark
1 EL gehackte Minze
1 EL gehacktes Koriandergrün
Öl zum Braten

JOGHURTDIP
1 Tomate, geschält, entkernt und gehackt
½ Salatgurke, gehackt
1 Knoblauchzehe, zerdrückt
1 EL gehackte Minze
125 g Naturjoghurt

ERGIBT 45 STÜCK

Lamm, Zwiebel, Knoblauch, Koriander, Kreuzkümmel, Zimt, Chili, Tomatenmark, Minze und Koriandergrün in einer großen Schüssel gut mit den Händen vermischen. Kräftig abschmecken und zu kleinen Frikadellen rollen. Etwas Öl in einer schweren Pfanne auf großer Flamme erhitzen. Die Koftas portionsweise braten, bis sie gut gebräunt und gar sind. Auf Küchenpapier abtropfen lassen.

Alle Zutaten für den Dip gut verrühren.

Die Koftas auf Zahnstocher stecken und mit dem Dip servieren.

VORBEREITUNG: 25 MINUTEN   GARZEIT: 25 MINUTEN

TIPPS: Die fertigen Koftas können tiefgekühlt werden. Zum Servieren einfach auftauen und in einer ofenfesten Form bei 180 °C 5–10 Minuten erwärmen. Der Dip kann mehrere Stunden im Voraus zubereitet werden.

CHILI-RINDFLEISCH-QUESADILLAS

1½ EL Öl
1 Zwiebel, gehackt
2 Knoblauchzehen, zerdrückt
400 g Rinderhackfleisch
325 g fertige mexikanische schwarze Bohnensalsa
6 Weizentortillas
125 g geriebener Cheddar

ERGIBT ETWA 36 STÜCK

Einen Esslöffel Öl in einer Pfanne erhitzen und die Zwiebel und den Knoblauch darin 2–3 Minuten anbraten. Fleisch dazugeben und in 5–7 Minuten bräunen, dabei entstehende Klumpen zerstoßen. Salsa unterrühren. Aufkochen, die Hitze reduzieren und 3–4 Minuten köcheln, bis die Mischung eindickt. Mit Salz und Pfeffer abschmecken.

Drei der Tortillas auf eine Arbeitsfläche legen und mit Cheddar bestreuen. Die Fleischmischung gleichmäßig darüber verteilen und mit weiteren drei Tortillas abdecken. Das restliche Öl in einer Pfanne mit 25 Zentimeter Ø erhitzen und die Stapel darin 3–4 Minuten auf jeder Seite anbraten. Aus der Pfanne nehmen, die Seiten gerade schneiden und in 5 Zentimeter große Quadrate schneiden.

VORBEREITUNG: 15 MINUTEN   GARZEIT: 25 MINUTEN

SPINATSCHNITTCHEN

250 g Mehl
30 g Butter, gehackt
60 ml Olivenöl
125 ml warmes Wasser
Olivenöl zum Bestreichen

FÜLLUNG
420 g Spinat
weißer Teil von 1 Lauchstange, längs halbiert und in feine Streifen geschnitten
1/4 TL frisch gemahlene Muskatnuss
2 TL gehackter Dill
200 g Fetakäse, zerbröselt
1 EL Semmelbrösel
3 Eier, leicht verschlagen
2 EL Olivenöl

ERGIBT ETWA 15 STÜCK

Ein 3 Zentimeter tiefes Backblech von 17 x 26 Zentimeter leicht einfetten.

Mehl und eine Prise Salz in eine Schüssel sieben. Butter mit den Fingerspitzen hineinreiben, bis die Mischung feinen Brotkrumen ähnelt. Das Öl dazugießen und einreiben, indem man die Mischung mit einer Hand anhebt und mit der anderen Hand leicht darüberreibt. Die Mischung sollte Klümpchen bilden. Eine Vertiefung in die Mitte drücken und mit der Hand genügend Wasser untermischen, um einen festen, geschmeidigen Teig zu erhalten. Ganz leicht kneten, bis er zusammenhält – er muss nicht vollständig glatt sein. Mit Plastikfolie abdecken und 1 Stunde kühlen.

Das untere Viertel der Spinatstängel abschneiden. Den Rest waschen und zerpflücken. Auf ein Küchenhandtuch legen und fest zusammendrehen, um so viel Feuchtigkeit wie möglich herauszupressen. Spinat mit Lauch, Muskat, Dill, Feta, Semmelbröseln und 1/2 Teelöffel grob gemahlenem Pfeffer in eine Schüssel geben.

Den Ofen auf 220 °C vorheizen. Etwas mehr als die Hälfte des Teigs auf einer leicht bemehlten Oberfläche ausrollen, bis er groß genug ist, um Boden und Seiten des Bleches auszukleiden. Den Teig hineinlegen und gleichmäßig an alle Seiten andrücken.

Eier und Öl zur Spinatmischung geben. Mit der Hand vermischen, aber nicht zu glatt rühren. Auf den Teig in der Form geben.

Den restlichen Teig so groß ausrollen, dass er einen Deckel über dem Spinat bilden kann. Auf das Blech heben und die Teigränder gut zusammendrücken. Überschüssigen Teig mit einem scharfen Messer abschneiden und die Oberfläche mit Olivenöl bestreichen. Mit einem scharfen Messer längs drei Streifen und dann diagonal Rauten markieren. Zwei oder drei schmale Schlitze durch die obere Teigschicht schneiden, die den Dampf während des Backens herauslassen.

In der Mitte des Ofens 45–50 Minuten backen, bis der Teig gut gebräunt ist. Zwischendurch mit Alufolie abdecken, wenn er zu dunkel ist. Der Pie ist gar, sobald er leicht in der Form herumrutscht, wenn man an ihr rüttelt. Auf einen Rost stürzen und 10 Minuten abkühlen lassen, dann auf ein Holzbrett oder zurück in die Form geben und in Rauten schneiden.

VORBEREITUNG: CA. 50 MINUTEN   BACKZEIT: 50 MINUTEN

◁ MINI-CROISSANTS

40 g Butter
3 Zwiebeln, fein gehackt
12 entsteinte schwarze Oliven, in dünne Scheiben geschnitten
2 EL gehackte glatte Petersilie
3 große Scheiben TK-Blätterteig, aufgetaut
1 Ei, verschlagen

ERGIBT 30 STÜCK

Butter in einer Pfanne erhitzen und die Zwiebeln darin auf kleiner bis mittlerer Flamme 20 Minuten dünsten, bis sie leicht Farbe annehmen. Vom Herd nehmen und Oliven, Petersilie, Salz und grob gemahlenen schwarzen Pfeffer unterrühren. Abkühlen lassen. Ein Backblech leicht einfetten.

Jede Teigscheibe halbieren und jede Hälfte in 5 Dreiecke schneiden. Die untere und kürzeste Seite sollte 8 Zentimeter breit sein. An den Rändern bleiben einige Reste übrig, die nicht die richtige Form haben. Etwas Zwiebelmischung auf die kurze Seite der Dreiecke geben und Richtung Spitze aufrollen, sodass die Füllung eingeschlossen wird. Die Enden leicht zusammenbiegen, um die typische Croissantform zu erhalten.

Croissants auf das Blech legen und 30 Minuten kühlen. Den Ofen auf 200 °C vorheizen. Die Croissants mit verschlagenem Ei bestreichen und 20 Minuten backen, bis sie aufgegangen und goldbraun sind.

VORBEREITUNG: CA. 30 MINUTEN GARZEIT: 40 MINUTEN

MINI-MAISMUFFINS MIT GARNELEN UND DILLMAYONNAISE

250 g Mehl, gesiebt
110 g Maismehl
1 EL Backpulver
55 g Zucker
2 Eier, verschlagen
125 g Butter, geschmolzen
250 ml Milch
3 EL fein gehackter Dill
1 EL Zitronensaft
1 TL Meerrettich
375 g Mayonnaise
300 g kleine gekochte Garnelen oder Shrimps

ERGIBT ETWA 50 STÜCK

Den Ofen auf 200 °C vorheizen. Zwei Mini-Muffinbleche mit je 12 Vertiefungen einfetten. Mehl in eine große Schüssel sieben und mit Maismehl, Backpulver, Zucker und 1/2 Teelöffel Salz mischen. Eier, Butter und Milch dazugeben. Nur kurz rühren, bis die Zutaten sich verbunden haben. Die Vertiefungen der Muffinbleche zu je 3/4 mit dem Teig füllen. 15–20 Minuten backen, bis die Muffins leicht gebräunt sind. Herausnehmen und auf einem Rost abkühlen lassen. Wiederholen, bis der gesamte Teig aufgebraucht ist.

Dill, Zitronensaft und Meerrettich mit der Mayonnaise mischen und mit viel Salz und schwarzem Pfeffer abschmecken.

Sobald die Muffins abgekühlt sind, oben ein kleines Stück herausstechen, etwas Dillmayonnaise in die Vertiefung füllen und eine Garnele und etwas frisch gemahlenen schwarzen Pfeffer daraufgeben.

VORBEREITUNG: 15 MINUTEN BACKZEIT: 20 MINUTEN

DOLMADES (GEFÜLLTE WEINBLÄTTER)

200 g eingelegte Weinblätter
250 g weißer Mittelkornreis
1 kleine Zwiebel, fein gehackt
1 EL Olivenöl
60 g geröstete Pinienkerne
2 EL Korinthen
2 EL gehackter Dill
1 EL fein gehackte Minze
1 EL fein gehackte glatte Petersilie
80 ml Olivenöl extra
2 EL Zitronensaft
500 ml Hühnerbrühe

ZITRONENSAUCE
375 ml Hühnerbrühe
1 EL Stärke
3 Eier
2–3 EL Zitronensaft

ERGIBT 24 STÜCK

Weinblätter 15 Minuten in kaltem Wasser einweichen, herausnehmen und trocken tupfen. Stiele abschneiden. Einige Blätter zurücklegen, um den Topf auszukleiden; solche mit Löchern oder unschön aussehende aussortieren. In der Zwischenzeit den Reis in kochendem Wasser 10 Minuten ziehen lassen, damit er etwas weicher wird, und abgießen.

Für die Füllung Reis, Zwiebel, Olivenöl, Pinienkerne, Korinthen und Kräuter in einer großen Schüssel gut vermischen und mit Salz und Pfeffer abschmecken. Einige Blätter mit der Äderung nach unten auf eine flache Oberfläche legen. Einen Esslöffel der Füllung in die Mitte geben und das Stielende über die Füllung falten. Dann die Seiten zur Mitte falten und fest bis zur Spitze aufrollen. Die Dolmades sollten wie eine kleine Zigarre aussehen. Mit restlicher Füllung und Blättern ebenso verfahren.

Mit den zurückgelegten Weinblättern den Boden eines großen, schweren Topfes auslegen. Mit 1 Esslöffel des Olivenöls beträufeln. Die Dolmades in einer Lage dicht nebeneinander packen. Restliches Öl und Zitronensaft darübergießen.

Die Brühe über die Dolmades gießen und mit einem umgedrehten Teller beschweren, damit die Dolmades sich während des Kochens nicht bewegen. Aufkochen, die Hitze reduzieren und abgedeckt 45 Minuten köcheln lassen. Mit einem Schaumlöffel aus dem Topf heben. Warm oder kalt mit Zitronenspalten servieren.

In der Zwischenzeit für die Sauce die Hühnerbrühe aufkochen. Stärke mit etwas kaltem Wasser zu einer glatten Paste verrühren. Zur Brühe geben und rühren, bis die Sauce dick wird. 2–3 Minuten köcheln lassen, dann vom Herd nehmen und leicht abkühlen lassen. Eier trennen und Eiweiß zu Schnee schlagen. Eigelbe dazugeben und weiterrühren, bis die Mischung leicht und locker ist. Den Zitronensaft unterrühren. Unter ständigem Rühren langsam zur Hühnerbrühe geben. Die Sauce zurück in den Topf geben und auf kleiner Flamme 1–2 Minuten rühren. Abschmecken, vom Herd nehmen und noch 1 Minute rühren. Mit den Dolmades servieren.

VORBEREITUNG: CA. 40 MINUTEN   GARZEIT: 45 MINUTEN

TIPP: Überflüssige Weinblätter in Salzlake können in einem luftdichten Behälter bis zu 1 Woche im Kühlschrank aufbewahrt werden.

◁ ZIEGENKÄSEKÜCHLEIN

250 g Mehl
150 g Butter, gekühlt und gehackt
2 EL Milch

FÜLLUNG
12 getrocknete Tomaten, in Streifen geschnitten
200 g Ziegenkäse, gehackt
2 EL gehackte Basilikumblätter
20–30 schwarze Oliven, entsteint und in Scheiben geschnitten
2 EL gehackte Frühlingszwiebeln (Spitzen)
4 Eier, verschlagen
250 ml Sahne

ERGIBT 30 STÜCK

Mehl und eine Prise Salz in eine Schüssel sieben. Die Butter mit den Fingerspitzen hineinreiben, bis die Mischung feinen Brotkrumen ähnelt. Eine Vertiefung in die Mitte drücken und genügend Milch hinzufügen, um mit einem Messer einen weichen Teig mischen zu können. Auf eine bemehlte Oberfläche geben und zu einer Kugel zusammendrücken. In Plastikfolie gewickelt 30 Minuten kühlen.

Den Ofen auf 180 °C vorheizen. Zwei Mini-Muffinformen mit je 12 Vertiefungen einfetten. Den Teig 2 Millimeter dick ausrollen und 30 Kreise mit 8 Zentimeter Ø ausstechen. In die Formen geben und mit einer Gabel mehrfach einstechen. In 7 Minuten gar backen, aber nicht bräunen lassen.

Getrocknete Tomaten in die Förmchen geben und mit Käse, Basilikum, Oliven und Frühlingszwiebeln abdecken. Eier und Sahne verrühren und würzen. Diese Mischung über die Füllung löffeln und 15 Minuten backen, bis die Füllung gerade gestockt ist. Mit restlichem Teig und Füllung wiederholen. Bei Zimmertemperatur servieren.

VORBEREITUNG: CA. 40 MINUTEN GARZEIT: 25 MINUTEN

TARTLETTES MIT RÄUCHERFORELLE

1 Laib weißes Sandwichbrot, Rinde entfernt
60 g Butter, geschmolzen
1 Räucherforelle (etwa 300 g), gehäutet, entgrätet und zerpflückt
1 EL klein geschnittener Schnittlauch
60 g Mayonnaise
2 Frühlingszwiebeln, fein gehackt
1 TL Meerrettichcreme
1 TL körniger Senf
schwarze Oliven, entsteint und in Streifen geschnitten, zum Garnieren

ERGIBT 34 STÜCK

Den Ofen auf 120 °C vorheizen. Brotscheiben mit einem Nudelholz leicht ausrollen. Kreise von 8 Zentimeter Ø ausstechen und beidseitig mit Butter bestreichen. In zwei Mini-Muffinformen mit je 12 Vertiefungen drücken und in 10 Minuten knusprig backen. Abkühlen lassen und wiederholen, bis alles aufgebraucht ist.

Forelle in einer Schüssel mit Schnittlauch, Mayonnaise, Frühlingszwiebeln, Meerrettich und Senf vermischen und abschmecken.

Füllung in die Tartletteformchen löffeln und mit Olivenstreifen garnieren.

VORBEREITUNG: CA. 40 MINUTEN BACKZEIT: 20 MINUTEN

TIPP: Die Brotförmchen können 2 Tage im Voraus gebacken und in einem luftdichten Behälter aufbewahrt werden.

SCHWEINEFLEISCH SAN CHOY BAU

1 EL Öl
400 g Schweinehackfleisch
230 g Wasserkastanien aus der Dose, abgetropft und fein gehackt
125 g Bambussprossen aus der Dose, abgetropft und fein gehackt
6 Frühlingszwiebeln, fein gehackt
2 EL trockener Sherry
1 EL Sojasauce
2 TL Sesamöl
2 TL Austernsauce
kleine Salatblätter, z. B. Romanasalatherzen, Eisbergsalat oder Chicorée
gehackte Minze zum Bestreuen

SAUCE
2 EL Pflaumensauce
1 EL Hoisinsauce
1 TL Sojasauce

ERGIBT 25 STÜCK

Öl in Pfanne oder Wok erhitzen, Fleisch dazugeben und auf großer Flamme rühren, bis es rundum gebräunt ist. Klümpchen mit einem Gabelrücken zerdrücken. Wasserkastanien, Bambussprossen und Frühlingszwiebeln dazugeben. Gut vermischen und 1 Minute braten.

Sherry, Sojasauce, Sesamöl und Austernsauce mischen. In den Wok geben, unterrühren und 2 Minuten kochen. Vom Herd nehmen.

Für die Sauce zum Dippen alle Zutaten mit 2 Esslöffel Wasser vermischen.

Zum Servieren 1 Esslöffel der warmen Fleischmischung auf jedes Salatblatt geben. Mit gehackter Minze bestreuen. Die Sauce darüberträufeln.

VORBEREITUNG: 25 MINUTEN GARZEIT: 10 MINUTEN

TIPP: Die Sauce und das Fleisch können am Vortag zubereitet und im Kühlschrank aufbewahrt werden. Zum Servieren einfach das Fleisch aufwärmen.

◁ MINI-PATISSONKÜRBISSE MIT REISFÜLLUNG

24 gelbe Mini-Patissonkürbisse
1 EL Öl
2 TL rote Thai-Currypaste
1 Frühlingszwiebel, fein gehackt
1 kleine rote Paprika, fein gehackt
185 g gekochter Jasminreis
1 EL fein gehacktes Koriandergrün
2 Kaffir-Limettenblätter, in feine Streifen geschnitten
Koriandergrün zum Garnieren

ERGIBT 24 STÜCK

Die Kürbisse 5 Minuten blanchieren oder dämpfen, bis sie gerade weich sind.

Unten eine dünne Scheibe abschneiden, damit sie sicher stehen, dann oben einen kleinen Deckel abschneiden. Mit einem Melonenbällchenausstecher das Fruchtfleisch entfernen, sodass nur noch eine dünne Wand stehen bleibt.

Öl im Wok erhitzen, Currypaste, Frühlingszwiebel und rote Paprika dazugeben und unter Rühren 2–3 Minuten anbraten. Den Reis dazugeben und weitere 2–3 Minuten braten. Gehackten Koriander und Limettenblätter unterrühren.

Vom Herd nehmen und 1 Teelöffel Reis in jeden Kürbis löffeln. Mit einem Korianderblatt garnieren und die Deckel wieder aufsetzen. Auf einer Platte arrangieren und servieren.

VORBEREITUNG: 20 MINUTEN   GARZEIT: 15 MINUTEN

TIPPS: Für 185 Gramm gekochten Jasminreis benötigen Sie 65 Gramm Reis, den Sie 10 Minuten in Wasser sprudelnd kochen.

Kürbisse und Füllung können am Vortag zubereitet werden. Sie sollten getrennt abgedeckt im Kühlschrank aufbewahrt werden.

GEFÜLLTE KIRSCHTOMATEN

16 Kirschtomaten
50 g Ziegenkäse
50 g Ricotta
2 Scheiben Prosciutto, fein gehackt

ERGIBT 16 STÜCK

Kleine Deckel von den Tomaten abschneiden, aushöhlen und die Kerne wegwerfen. Umgedreht auf Küchenpapier legen und einige Minuten abtropfen lassen.

Ziegenkäse und Ricotta glatt rühren. Mit Prosciutto mischen und würzen. In die Tomaten löffeln und bis zum Servieren kühlen.

VORBEREITUNG: CA. 15 MINUTEN   GARZEIT: KEINE

GABELHAPPEN

◁ MARINIERTE ROTE PAPRIKA

3 rote Paprika
3 Thymianzweige
1 Knoblauchzehe, in dünnen Scheiben
2 TL grob gehackte glatte Petersilie
1 Lorbeerblatt
1 Frühlingszwiebel, in Scheiben
1 TL Paprikapulver
60 ml extra natives Olivenöl
2 EL Rotweinessig

FÜR 6 PERSONEN

Den Grill vorheizen. Paprika vierteln und die Hautseite grillen, bis sie schwarz ist und Blasen wirft. In einer Plastiktüte abkühlen lassen und schälen. In schmale Streifen schneiden und mit Thymian, Knoblauch, Petersilie, Lorbeerblatt und Frühlingszwiebel in einer Schüssel gut vermischen.

Paprikapulver, Öl, Essig und etwas Salz und Pfeffer verschlagen. Gut mit der Paprika vermischen. Abdecken und mindestens 3 Stunden, besser aber über Nacht, marinieren lassen. Etwa 30 Minuten vor dem Servieren aus dem Kühlschrank nehmen.

VORBEREITUNG: CA. 20 MINUTEN GARZEIT: 5 MINUTEN.

TIPP: Marinierte Paprika können bis zu 3 Tage im Kühlschrank aufbewahrt werden.

MARINIERTER FETAKÄSE

350 g Fetakäse
1 EL getrockneter Oregano
1 TL Korianderkörner
125 g getrocknete Tomaten in Öl
4 kleine rote Chilis
3–4 Rosmarinzweige
Olivenöl

FÜR 6–8 PERSONEN

Feta mit Küchenpapier trocken tupfen und in 2 Zentimeter große Würfel schneiden. Mit Oregano, Korianderkörnern und 1 Esslöffel grob gemahlenem schwarzen Pfeffer bestreuen.

Getrocknete Tomaten über einer Schüssel abtropfen lassen und das Öl auffangen. Feta, Chilis, Rosmarin und getrocknete Tomaten in ein sterilisiertes Glas mit 750 Milliliter Inhalt füllen. Mit dem Öl der getrockneten Tomaten (es sollten etwa 60 Milliliter sein) begießen und mit Olivenöl auffüllen. Verschließen und vor dem Verzehr 1 Woche ziehen lassen. Bei Zimmertemperatur servieren.

VORBEREITUNG: CA. 10 MINUTEN GARZEIT: KEINE

TIPPS: Um Gläser zu sterilisieren, spült man sie mit kochendem Wasser aus und lässt sie im lauwarmen Ofen vollständig trocknen.

Das Öl im Glas wird im Kühlschrank teilweise fest, verflüssigt sich aber bei Zimmertemperatur wieder.

Marinierter Feta hält sich im Kühlschrank 1–2 Monate. Das Öl kann man für aromatische Salat- oder Nudelsaucen verwenden.

ARTISCHOCKEN IN AROMATISCHER VINAIGRETTE

2 EL Zitronensaft
4 große Artischocken
2 Knoblauchzehen, zerdrückt
1 TL fein gehackter Oregano
½ TL gemahlener Kreuzkümmel
½ TL gemahlener Koriander
1 Prise getrocknete Chiliflocken
3 TL Sherryessig
60 ml Olivenöl

FÜR 4 PERSONEN

Zitronensaft in eine große Schüssel kaltes Wasser geben. Die Artischocken vorbereiten, dazu die Stiele 5 Zentimeter vom Boden abschneiden und die harten äußeren Blätter entfernen. Von jeder Artischocke das obere Viertel der Blätter abschneiden. Dann alle Artischocken je nach Größe von oben nach unten halbieren oder vierteln. Die feinen Härchen werden mit einem Teelöffel entfernt und die Artischocke sofort in Zitronenwasser gelegt, um ein Verfärben zu vermeiden.

Einen großen Topf Wasser aufkochen, die Artischocken und 1 Teelöffel Salz dazugeben und in etwa 20 Minuten weich kochen. Die Kochzeit hängt von der Größe der Artischocken ab. Wenn man einen Zahnstocher in einen Artischockenboden sticht, sollte dieser weich sein, aber noch etwas Widerstand zeigen. Abgießen und Artischocken zum Abkühlen auf ihre Schnittseite legen.

Für die Vinaigrette Knoblauch, Oregano, Kreuzkümmel, Koriander und Chiliflocken in eine Schüssel geben. Mit Essig verrühren und Salz und Pfeffer nach Geschmack dazugeben. Unter ständigem Rühren ganz langsam das Olivenöl dazugießen, sodass eine Emulsion entsteht.

Artischocken in Reihen auf einer Servierplatte anordnen. Die Vinaigrette darübergießen und vollständig abkühlen lassen.

VORBEREITUNG: CA. 20 MINUTEN KOCHZEIT: 20 MINUTEN

◁ MARINIERTE JOGHURT-KÄSEBÄLLCHEN

500 g griechischer Joghurt
2 TL Meersalz
1 EL getrockneter Oregano
2 TL getrockneter Thymian
350 ml Olivenöl
1 Lorbeerblatt

ERGIBT 12 STÜCK

Ein 30 x 60 Zentimeter großes Baumwolltuch (Käsetuch) zusammenfalten, sodass ein 30 Zentimeter großes Quadrat entsteht.

Joghurt, Salz und 1 Teelöffel schwarzen Pfeffer mischen. Eine Schüssel mit dem Tuch auslegen und den Joghurt hineingeben. Die Tuchenden zusammenraffen, mit Schnur so nah am Joghurt wie möglich zusammenbinden und eine Schleife bilden. Diese an einen Holzlöffel hängen und über der Schüssel 3 Tage im Kühlschrank abtropfen lassen.

Oregano und Thymian in einer flachen Schale mischen. Die Hälfte des Olivenöls in ein Glas mit 500 Milliliter Inhalt füllen und das Lorbeerblatt dazugeben.

Gestrichene Esslöffel des Joghurts zu Bällchen rollen. In den Kräutern wälzen und in das Öl geben. Zum Schluss das restliche Öl angießen, sodass die Bällchen vollständig bedeckt sind. Verschließen und mindestens 1 Tag im Kühlschrank ziehen lassen. Bei Zimmertemperatur mit kräftigem Brot servieren.

VORBEREITUNG: CA. 20 MINUTEN GARZEIT: KEINE

MARINIERTE CHAMPIGNONS

250 ml Apfelessig
125 ml Orangensaft
1 EL Korianderkörner
4 Rosmarinzweige
2 Lorbeerblätter
500 g kleine Champignons
80 ml Olivenöl

FÜR 4 PERSONEN

Apfelessig, Orangensaft, Korianderkörner, 2 Rosmarinzweige und 1 Lorbeerblatt in einem Topf aufkochen. Die Pilze dazugeben und 3 Minuten köcheln lassen. Herausnehmen und in ein sterilisiertes Glas geben.
Die Flüssigkeit um die Hälfte einkochen lassen. Rosmarinzweige und Lorbeerblatt herausnehmen und durch neue ersetzen.

Olivenöl unterrühren und über die Pilze gießen. Mit einer Schicht Öl abschließen. Im Kühlschrank 1 Monat haltbar.

VORBEREITUNG: 10 MINUTEN GARZEIT: 15 MINUTEN

TABOULEH

130 g Bulgur
3 reife Tomaten
1 Salatgurke
4 Frühlingszwiebeln, in Scheiben
120 g glatte Petersilie, gehackt
2 große Handvoll Minze, gehackt

DRESSING
80 ml Zitronensaft
60 ml Olivenöl
1 EL extra natives Olivenöl

FÜR 6 PERSONEN

Bulgur in eine Schüssel geben, mit 500 Milliliter Wasser bedecken und 1 1/2 Stunden stehen lassen.

Tomaten halbieren, überschüssige Kerne herausdrücken und in 1 Zentimeter große Würfel schneiden. Die Gurke längs halbieren, die Kerne mit einem Teelöffel herauskratzen und den Rest in 1 Zentimeter große Würfel schneiden.

Für das Dressing Zitronensaft und 1 1/2 Teelöffel Salz verrühren. Mit frisch gemahlenem Pfeffer würzen und langsam beide Olivenöle unterschlagen.

Bulgur abgießen und Wasser auspressen. Auf Küchenpapier oder einem Küchenhandtuch ausbreiten und 30 Minuten trocknen lassen. In eine große Salatschüssel geben und mit Tomaten, Gurke, Frühlingszwiebeln, Petersilie und Minze gut mischen. Das Dressing darübergießen und gut unterrühren.

VORBEREITUNG: CA. 20 MINUTEN GARZEIT: KEINE

◁ ANTIPASTISALAT

200 g getrocknete Tomaten
200 g marinierte schwarze Oliven
200 g marinierte Auberginen, gehackt
200 g eingelegte Artischockenböden
200 g getrocknete Paprika
3 EL gehackter Basilikum
Balsamicoessig zum Beträufeln

FÜR 4–6 PERSONEN

Getrocknete Tomaten, Oliven, Auberginen, Artischocken und Paprika mischen. Basilikum unterheben und mit etwas Balsamicoessig beträufeln.

VORBEREITUNG: 10 MINUTEN GARZEIT: KEINE

KRAUTSALAT MIT SESAM

1/4 Rotkohl
1/4 grüner Weißkohl
100 g Zuckererbsen
2 Selleriestangen
2 Karotten
1 rote Paprika
Mayonnaise zum Servieren
1 kleine Handvoll Minze, in feine Streifen geschnitten, zum Bestreuen
gerösteter Sesam zum Bestreuen

FÜR 4 PERSONEN

Rot- und Weißkohl fein hobeln. Zuckererbsen, Selleriestangen, Karotten und Paprika in Streifen schneiden.

Das Gemüse in einer großen Schüssel mischen und mit Mayonnaise anmachen. Mit fein geschnittenen Minzeblättern und geröstetem Sesam bestreut servieren.

VORBEREITUNG: 15 MINUTEN GARZEIT: KEINE

KARTOFFELSALAT MIT KRÄUTERN

650 g Kartoffeln mit roter Schale
(z. B. die Sorte Laura oder Iduna)
1 rote Zwiebel,
in dünne Ringe geschnitten
1 EL gehackte Minze
1 EL gehackte glatte Petersilie
1 EL klein geschnittener Schnittlauch
90 g Mayonnaise
90 g Naturjoghurt

FÜR 4 PERSONEN

Die Kartoffeln gründlich schrubben und in Würfel schneiden. In viel kochendem Wasser gerade gar kochen, abgießen und vollständig abkühlen lassen.

Kartoffeln, Zwiebel und Kräuter in eine große Schüssel geben. Mayonnaise und Joghurt vermischen und vorsichtig unter die Kartoffeln heben, bis sie gleichmäßig überzogen sind. Bei Zimmertemperatur servieren.

VORBEREITUNG: 15 MINUTEN GARZEIT: 15 MINUTEN

◁ AVOCADO-BOHNEN-SALAT

250 g getrocknete schwarze Bohnen
1 rote Zwiebel, gehackt
4 Romatomaten, gehackt
1 rote Paprika, gehackt
375 g Maiskörner aus der Dose, abgetropft
90 g Koriandergrün, gehackt
2 Avocados, gehackt
1 Mango, geschält und gehackt
150 g Rucolasalat

DRESSING
1 Knoblauchzehe, zerdrückt
1 kleine rote Chili, fein gehackt
2 EL Limettensaft
60 ml Olivenöl

FÜR 4 PERSONEN

Die Bohnen über Nacht in kaltem Wasser einweichen. Abspülen und abtropfen lassen. In einen großen schweren Topf geben und mit Wasser bedecken. Aufkochen, die Hitze reduzieren und in 1 1/2 Stunden weich köcheln. Abgießen und leicht abkühlen lassen.

Bohnen, Zwiebel, Tomaten, Paprika, Mais, Koriander, Avocados, Mango und Rucola in einer großen Schüssel vermischen.

Für das Dressing alle Zutaten miteinander verschlagen und unter den Salat heben.

VORBEREITUNG: CA. 15 MINUTEN   GARZEIT: 1 STUNDE 30 MINUTEN

SCHARFER KARTOFFELSALAT

500 g kleine neue Kartoffeln, halbiert
250 g grüne Bohnen, geputzt, die Enden abgeschnitten und diagonal halbiert

DRESSING
60 ml Olivenöl
2 rote Chilis, entkernt und in Streifen geschnitten
1 Knoblauchzehe, zerdrückt
1 große Handvoll Koriandergrün, gehackt
1 EL Rotweinessig
1/2 TL Kümmel

FÜR 6 PERSONEN

Kartoffeln in einem großen Topf in schwach siedendem Wasser 20 Minuten kochen, bis sie gar, aber noch fest sind. Abgießen und beiseitestellen.

Bohnen in kochendem Wasser 2 Minuten blanchieren, bis sie leuchtend grün und gerade gar sind. Abgießen und beiseitestellen.

Für das Dressing alle Zutaten gut miteinander verschlagen. Über Bohnen und Kartoffeln geben und sofort vermischen.

VORBEREITUNG: 15 MINUTEN   GARZEIT: 20 MINUTEN

CANNELLINI-BOHNENSALAT

425 g weiße Cannellini-Bohnen aus der Dose
1 Tomate, fein gehackt
3 Anchovisfilets, in Streifen geschnitten
1 EL fein gehackte rote Zwiebel
2 TL fein gehacktes Basilikum
2 TL extra natives Olivenöl
1 TL Balsamicoessig
Baguette, in Scheiben geschnitten, zum Servieren
Olivenöl zum Bestreichen
1 Knoblauchzehe, geschält und einmal gequetscht

FÜR 6–8 PERSONEN

Weiße Cannellini-Bohnen abgießen und abspülen.

Bohnen, Tomate, Anchovis, Zwiebel, Basilikum, Olivenöl und Balsamicoessig vermischen.

Die Brotscheiben dünn mit Öl bestreichen, toasten und mit Knoblauch einreiben. Den Salat zum Servieren auf die Brotscheiben häufen.

VORBEREITUNG: 20 MINUTEN GARZEIT: KEINE

TIPP: Der Salat kann einen Tag im Voraus zubereitet und abgedeckt im Kühlschrank aufbewahrt werden.

◁ SCHNELLER MELONENSALAT

1 große Honigmelone
60 g Brunnenkresse, geputzt
2 Avocados, in Scheiben geschnitten
1 große rote Paprika, in dünne Streifen geschnitten
220 g marinierter Fetakäse, in Stücke gebröselt
90 g marinierte Niçoise-Oliven

DRESSING
60 ml Olivenöl
2 EL Weißweinessig
1 TL Dijonsenf

FÜR 4–6 PERSONEN

Honigmelone in Scheiben schneiden und auf einer Platte arrangieren. Die Brunnenkresse darüberstreuen. Avocados, Paprika, Feta und Niçoise-Oliven darauf verteilen.

Für das Dressing Olivenöl, Essig und Senf in ein Schraubglas geben und gut schütteln. Über den Salat träufeln.

VORBEREITUNG: 15 MINUTEN   GARZEIT: KEINE

PFIRSICH-SALSA-SALAT

6 große Pfirsiche, in Spalten geschnitten
1 rote Zwiebel, in dünne Ringe geschnitten
6 Romatomaten, geviertelt
200 g Maiskörner
1 grüne Paprika, in Streifen geschnitten
1 große Handvoll Koriandergrün

DRESSING
1 Knoblauchzehe, zerdrückt
1 TL gemahlener Kreuzkümmel
1 rote Chili, fein gehackt
2 EL Limettensaft, frisch gepresst
60 ml Öl

FÜR 4–6 PERSONEN

Pfirsiche, Zwiebel, Tomaten, Mais und Paprika in eine Schüssel geben.

Für das Dressing Knoblauch, Kreuzkümmel, Chili, Limettensaft und Öl mischen. Über den Salat geben und vorsichtig vermischen. Korianderblätter kurz vor dem Servieren unterheben.

VORBEREITUNG: 15 MINUTEN   GARZEIT: KEINE

RUSSISCHER SALAT

MAYONNAISE
2 Eigelb
1 TL Dijonsenf
125 ml extra natives Olivenöl
2 EL Zitronensaft
2 kleine Knoblauchzehen, zerdrückt

3 Artischockenböden aus der Dose
3 fest kochende Kartoffeln, ungeschält
100 g junge grüne Bohnen, geputzt und in 1 cm lange Stücke geschnitten
1 große Karotte, in 1 cm große Würfel geschnitten
125 g frische Erbsen
30 g Cornichons, gehackt
2 EL kleine Kapern, abgespült und abgetropft
10 schwarze Oliven, in je 3 Scheiben geschnitten
4 Anchovisfilets, fein gehackt
schwarze Oliven zum Garnieren

FÜR 4–6 PERSONEN

Für die Mayonnaise Eigelbe mit Senf und 1/4 Teelöffel Salz mit dem elektrischen Mixer cremig schlagen. Bei laufendem Motor nach und nach das Öl in dünnem Strahl hinzufügen, bis alles aufgebraucht ist. Zitronensaft, Knoblauch und 1 Teelöffel kochendes Wasser dazugeben und 1 Minute weiterrühren, bis alles gut vermischt ist. Mit Pfeffer und Salz abschmecken.

Artischocken vierteln. Die Kartoffeln waschen, mit kaltem Wasser bedecken und zum Köcheln bringen. In 15–20 Minuten weich kochen. Abgießen und leicht abkühlen lassen. Pellen und beiseitestellen. Sobald die Kartoffeln kalt sind, in 1 Zentimeter große Würfel schneiden.

Bohnen in kochendem Salzwasser blanchieren, bis sie gar aber noch bissfest sind. In kaltem Wasser abschrecken und gut abtropfen lassen. Mit den Karotten und Erbsen ebenso verfahren.

Eine kleine Menge jeder Gemüsesorte und der Cornichons zum Garnieren beiseitestellen und mit Salz und Pfeffer abschmecken. Den Rest mit Kapern, Anchovis und Olivenscheiben in eine Schüssel geben. Die Mayonnaise unterheben und abschmecken. In eine Schale geben, mit dem übrigen Gemüse garnieren und die ganzen Oliven darauf verteilen.

VORBEREITUNG: CA. 40 MINUTEN GARZEIT: 40 MINUTEN

TIPP: Der Salat kann bis zu 2 Tage im Kühlschrank aufbewahrt werden, sollte aber bei Zimmertemperatur serviert werden.

◁ GARNELEN-PAPAYA-SALAT MIT LIMETTENDRESSING

750 g gekochte Garnelen
1 große Papaya, gehackt
1 kleine rote Zwiebel, in dünne Ringe geschnitten
2 Selleriestangen, in dünnen Scheiben
2 EL klein geschnittene Minze

LIMETTENDRESSING
125 ml Öl
60 ml Limettensaft
2 TL fein geriebener frischer Ingwer
1 TL Zucker

FÜR 4 PERSONEN

Garnelen schälen, die Schwänze aber ganz lassen. Den schwarzen Darm vorsichtig herausziehen, dabei am Kopfende anfangen. Garnelen in eine Schüssel geben.

Für das Limettendressing Öl, Limettensaft, Ingwer und Zucker verrühren und mit Salz und Pfeffer abschmecken.

Dressing und Garnelen vorsichtig vermischen. Papaya, Zwiebel, Sellerie und Minze dazugeben und unterheben. Salat bei Zimmertemperatur servieren oder vor dem Servieren abgedeckt bis zu 3 Stunden kühlen.

VORBEREITUNG: 25 MINUTEN GARZEIT: KEINE

SALAT AUS MARINIERTEN CHAMPIGNONS

500 g kleine Champignons, halbiert
4 Frühlingszwiebeln, in dünnen Scheiben
1 rote Paprika, fein gewürfelt
2 EL glatte Petersilie

DRESSING
3 Knoblauchzehen, zerdrückt
60 ml Weißweinessig
2 TL Dijonsenf
80 ml Olivenöl

FÜR 4–6 PERSONEN

Pilze, Frühlingszwiebeln, Paprika und Petersilie in einer großen Schüssel mischen.

Für das Dressing Knoblauch, Essig, Senf und Olivenöl mischen. Über die Pilze geben und gut vermischen. Abdecken und vor dem Servieren 3 Stunden kühlen.

VORBEREITUNG: CA. 10 MINUTEN GARZEIT: KEINE

HÜHNCHENSALAT MIT GEMÜSE

400 g Hühnchenbrust ohne Haut und Knochen
3 Scheiben frischer Ingwer
2 Zitronengrasstängel (nur der weiße Teil), grob gehackt
2 EL Fischsauce
250 g Brokkoli, in Röschen zerteilt
150 g Baby-Maiskolben
100 g Zuckerschoten, geputzt
1 rote Paprika, in Streifen geschnitten
3 Frühlingszwiebeln, in Streifen geschnitten
125 ml süße Chilisauce
2 EL Honig
2 EL Limettensaft
2 TL abgeriebene Limettenschale
1 Handvoll Koriandergrün

FÜR 4–6 PERSONEN

Hühnchenbrust in kurze, dünne Streifen schneiden.

Ingwer, Zitronengras, Fischsauce und 250 Milliliter Wasser in eine Pfanne geben. Aufkochen, die Hitze leicht reduzieren und 5 Minuten köcheln lassen.

Hühnchen in die Pfanne geben und in der heißen Flüssigkeit 5 Minuten kochen lassen, dabei gelegentlich umrühren. Abgießen und abkühlen lassen. Die Kochflüssigkeit wird nicht mehr benötigt.

Einen großen Topf Wasser aufkochen und Brokkoli, Mais, Zuckerschoten, Paprika und Frühlingszwiebeln darin 2 Minuten blanchieren. Abgießen, in Eiswasser abschrecken und gut abtropfen lassen.

Chilisauce, Honig, Limettensaft und -schale in einer kleinen Schüssel mischen. Gemüse und Hühnchen auf einer Platte arrangieren. Die Sauce darübergießen und vorsichtig untermischen. Mit Koriandergrün bestreuen.

VORBEREITUNG: 30 MINUTEN GARZEIT: 20 MINUTEN

TIPP: Um die Zuckerschoten zu putzen, beide Enden abbrechen und die Fäden von der Seite abziehen.

◁ SALATA BALADI

2 EL extra natives Olivenöl
2 EL Zitronensaft
1 Romanasalat, in mundgerechte Stücke zerrissen
3 reife Tomaten, in je 8 Spalten geschnitten
1 grüne Paprika, in mundgerechte Stücke geschnitten
1 Salatgurke, entkernt und gehackt
6 Radieschen, in Scheiben geschnitten
1 kleine Schalotte, in dünne Ringe geschnitten
2 EL gehackte glatte Petersilie
2 EL gehackte Minze

FÜR 4–6 PERSONEN

Olivenöl und Zitronensaft verschlagen und kräftig mit Salz und Pfeffer würzen.

Die restlichen Zutaten in einer großen Schüssel gut vermischen. Das Dressing dazugeben und unterheben.

VORBEREITUNG: 10 MINUTEN GARZEIT: KEINE

TIPP: Schalotten sind leicht erhältlich und weniger scharf als andere Zwiebeln.

GURKENSALAT MIT ERDNÜSSEN UND CHILIS

3 kurze Salatgurken
2 EL weißer Essig
2 TL Zucker
1–2 EL Chilisauce
½ rote Zwiebel, gehackt
1 große Handvoll Koriandergrün
160 g ungesalzene geröstete Erdnüsse, gehackt
2 EL knusprig gebratener Knoblauch
½ TL gehackte Chili
1 EL Fischsauce

FÜR 4–6 PERSONEN

Gurken schälen und längs halbieren. Kerne mit einem Teelöffel herauskratzen und Gurken in dünne Scheiben schneiden.

Essig und Zucker verrühren, bis der Zucker sich aufgelöst hat. In einer großen Schüssel mit Gurken, Chilisauce, Zwiebel und Koriander mischen. 45 Minuten marinieren lassen.

Kurz vor dem Servieren Erdnüsse, Knoblauch und Fischsauce dazugeben und vorsichtig unterheben.

VORBEREITUNG: CA. 25 MINUTEN GARZEIT: KEINE

KALTER GEMÜSESALAT MIT GEWÜRZDRESSING

300 g grüne Bohnen oder Spargelbohnen
10 große Spinatblätter
80 g Zuckererbsensprossen
1 rote Paprika
1 rote Zwiebel
100 g Sojabohnensprossen, geputzt

GEWÜRZDRESSING
2 EL Erdnussöl
1 Knoblauchzehe, zerdrückt
1 TL frisch geriebener Ingwer
1 kleine rote Chili, gehackt
2 EL Kokosraspel
1 EL brauner Essig

FÜR 4 PERSONEN

Von den Bohnen die Enden abbrechen und Bohnen in 10 Zentimeter lange Stücke schneiden. Stiele vom Spinat entfernen und Blätter in dünne Streifen schneiden. Etwa 1 Zentimeter von den langen Stielen der Zuckererbsensprossen entfernen. Paprika in dünne Streifen und Zwiebel in dünne Ringe schneiden.

Bohnen in kochendem Wasser 1 Minute blanchieren und abgießen. Mit Spinat, Zuckererbsensprossen, Sojasprossen, Paprika und Zwiebel mischen.

Für das Gewürzdressing Öl in einer kleinen Pfanne erhitzen. Knoblauch, Ingwer, Chili und Kokosraspel dazugeben und bei mittlerer Hitze 1 Minute unter Rühren anbraten. Essig und 80 Milliliter Wasser dazugeben, 1 Minute köcheln und abkühlen lassen.

Zum Servieren Dressing über das Gemüse geben und gut vermischen.

VORBEREITUNG: CA. 15 MINUTEN GARZEIT: 10 MINUTEN

TIPPS: Zuckererbsensprossen sind die Keimlinge der Zuckererbsenpflanze.

Auch andere blanchierte Gemüsesorten können für diesen Salat verwendet werden. Benutzen Sie möglichst verschiedene Farben, dann sieht der Salat am schönsten aus.

Das Gewürzdressing kann bis zu 30 Minuten vor dem Servieren untergemischt werden.

◁ THUNFISCH-NUDEL-SALAT MIT GRÜNEN BOHNEN

200 g grüne Bohnen, geputzt und in kurze Stücke geschnitten
300 g Penne Rigate
125 ml Olivenöl
250 g Thunfischsteak, in dicke Scheiben geschnitten
1 rote Zwiebel, in dünne Ringe geschnitten
1 EL Balsamicoessig

FÜR 4 PERSONEN

Die Bohnen in einem großen Topf kochendem Wasser 1–2 Minuten gar aber bissfest kochen. Mit einem Schaumlöffel herausnehmen und unter kaltem Wasser abschrecken. Abtropfen lassen und in eine Schüssel geben.

Nudeln in kochendem Salzwasser al dente kochen. Abgießen, kalt abschrecken, abtropfen lassen und zu den Bohnen geben.

Die Hälfte des Öls in einer Pfanne erhitzen. Thunfisch und Zwiebel vorsichtig darin sautieren, bis der Thunfisch gerade gar ist. Nur vorsichtig umrühren, damit der Thunfisch nicht zerbröckelt. Essig dazugeben, die Hitze erhöhen und kurz kochen, bis er reduziert ist und den Thunfisch leicht überzieht. Thunfisch und Zwiebel in die Schüssel geben.

Alles vorsichtig vermengen und mit dem restlichen Öl vermischen. Mit Salz und Pfeffer abschmecken und vor dem Servieren abkühlen lassen.

VORBEREITUNG: 20 MINUTEN   GARZEIT: 15 MINUTEN

THUNFISCHSALAT MIT WEISSEN BOHNEN

750 g Thunfisch in Öl aus der Dose
400 g Cannellini-Bohnen aus der Dose, abgegossen und abgespült
1 große rote Zwiebel, grob gehackt
3 hart gekochte Eier, in Spalten geschnitten
3 Tomaten, in Spalten geschnitten

DRESSING
1 Knoblauchzehe, zerdrückt
1–2 TL Thymian
1–2 TL fein gehackte glatte Petersilie
60 ml Weißweinessig
80 ml extra natives Olivenöl

FÜR 4–6 PERSONEN

Thunfisch abgießen und in Stücke zerteilen.

Für das Dressing Knoblauch, Thymian, Petersilie, Essig und Olivenöl verschlagen und mit Salz und Pfeffer würzen.

Bohnen und Zwiebeln in einer großen Schüssel mischen. Mit dem Dressing vermengen. Den Thunfisch dazugeben, dann Ei- und Tomatenspalten unterheben. Auf eine Platte häufen und mit einigen Ei- und Tomatenspalten garnieren.

VORBEREITUNG: 15 MINUTEN   GARZEIT: KEINE

FISCHSALAT MIT KRÄUTERN

500 g geräucherter Kabeljau
60 ml Limettensaft
30 g frische Kokosraspel
200 g Jasminreis, gekocht und abgekühlt
25 g gehackter vietnamesischer Koriander (Rau Ram oder Laksa-Kraut)
3 EL gehackte Minze
25 g gehacktes Koriandergrün
8 Kaffir-Limettenblätter, in feine Streifen geschnitten

DRESSING
1 EL gehackte Korianderwurzel (alternativ gehacktes Koriandergrün)
2 cm frische Ingwerwurzel, fein gerieben
1 rote Chili, fein gehackt
1 EL gehacktes Zitronengras (nur der weiße Teil)
3 EL gehacktes Thai-Basilikum
1 Avocado, gehackt
80 ml Limettensaft
2 EL Fischsauce
1 TL weicher brauner Zucker
125 ml Erdnussöl

FÜR 4–6 PERSONEN

Ofen auf 150 °C vorheizen. Kabeljau in eine große Pfanne geben und mit Wasser bedecken. Limettensaft dazugeben und 15 Minuten köcheln lassen, bis der Fisch sich mit einer Gabel auseinanderzupfen lässt. Abgießen und leicht abkühlen lassen, bevor man ihn in mundgerechte Stücke zerteilt.

In der Zwischenzeit Kokosraspel auf einem Blech ausbreiten und im Ofen 10 Minuten goldbraun rösten, dabei das Blech gelegentlich etwas schütteln. Sofort vom Blech nehmen, damit sie nicht weiterbräunen.

Fisch, Kokosraspel, Reis, vietnamesischen Koriander, Minze, Koriandergrün und Limettenblätter in einer Schüssel vermischen.

Für das Dressing Korianderwurzel, Ingwer, Chili, Zitronengras und Basilikum in einer Küchenmaschine pürieren. Avocado, Fischsauce, Zucker und Erdnussöl dazugeben und cremig pürieren. Dressing über den Salat geben und untermischen, damit Reis und Fisch davon überzogen werden. Sofort servieren.

VORBEREITUNG: 40 MINUTEN   GARZEIT: 15 MINUTEN

◁ LARB (WÜRZIGER FLEISCHSALAT)

1 EL Öl
2 Zitronengrasstängel (nur der weiße Teil), in dünne Scheiben geschnitten
2 grüne Chilis, fein gehackt
500 g mageres Rinder- oder Schweinehackfleisch
60 ml Limettensaft
2 TL fein geriebene Limettenschale
2–6 TL Chilisauce
Salatblätter zum Servieren
3 EL gehacktes Koriandergrün
2 EL gehackte Minze
1 kleine rote Zwiebel, in dünne Ringe geschnitten
50 g ungesalzene geröstete Erdnüsse, gehackt
25 g knusprig gebratener Knoblauch

FÜR 4–6 PERSONEN

Öl in einem Wok erhitzen und Zitronengras, Chili und Fleisch darin bei großer Hitze unter Rühren 6 Minuten braten, bis das Fleisch gar ist, dabei größere Brocken zerstoßen. In eine Schüssel geben und abkühlen lassen.

Limettensaft, -schale und Chilisauce zum Fleisch geben. Salatblätter auf einer Servierplatte arrangieren. Den größten Teil von Koriander, Minze, Zwiebel, Erdnüssen und gebratenem Knoblauch unter das Fleisch rühren und über den Salat löffeln. Restlichen Koriander, Minze, Zwiebel, Erdnüsse und Knoblauch darüberstreuen.

VORBEREITUNG: CA. 20 MINUTEN GARZEIT: 10 MINUTEN

GEMISCHTER GEMÜSESALAT

300 g Ananas, gehackt
1 Salatgurke, gehackt
250 g Kirschtomaten, halbiert
155 g grüne Bohnen, blanchiert und in dünne Scheiben geschnitten
155 g Sojasprossen
80 ml Reisessig
2 EL Limettensaft
2 rote Chilis, entkernt und sehr fein gehackt
2 TL Zucker
30 g getrocknete Shrimps zum Garnieren
kleine Minzeblätter zum Garnieren

FÜR 4–6 PERSONEN

Ananas, Gurke, Tomaten, Bohnen und Sprossen in einer Schüssel mischen. Abdecken und gut kühlen. Essig, Limettensaft, Chili und Zucker verrühren, bis der Zucker sich aufgelöst hat.

Shrimps in einer trockenen Pfanne rösten, bis sie hellorange und duftend sind, dabei die Pfanne ständig schwenken. In der Küchenmaschine fein hacken.

Den gekühlten Salat auf einer Platte anrichten, das Dressing darüberträufeln und mit den gehackten Shrimps und Minzeblättern garnieren. Sofort servieren.

VORBEREITUNG: 40 MINUTEN GARZEIT: 5 MINUTEN

BRUNNENKRESSE-ENTENBRUST-SALAT MIT LITSCHIS

2 große Entenbrüste mit Haut
1 EL Sojasauce
je 1/2 rote, grüne und gelbe Paprikaschote
250 g Brunnenkresse
12 Litschis, frisch oder aus der Dose
2 EL eingelegter und in Streifen geschnittener Ingwer
1–2 EL grüne Pfefferkörner (nach Belieben)
1 EL weißer Essig
2 TL weicher brauner Zucker
1–2 TL gehackte rote Chili
1 große Handvoll Korianderblätter

FÜR 4 PERSONEN

Den Ofen auf 210 °C vorheizen. Entenbrüste mit Sojasauce bestreichen, auf einen Rost in einem Backblech legen und 30 Minuten backen. Aus dem Ofen nehmen und abkühlen lassen.

Paprika in dünne Streifen schneiden. Holzige Stiele der Brunnenkresse entfernen. Frische Litschis schälen und die Kerne entfernen. Dosenlitschis gut abtropfen lassen.

Paprikastreifen, Brunnenkresse, Litschis und Ingwer auf einer großen Platte arrangieren. Ente in dünne Scheiben schneiden und unter den Salat heben.

Essig, Zucker, Chili, Koriander und nach Wunsch Pfefferkörner mischen und getrennt zum Salat servieren.

VORBEREITUNG: CA. 25 MINUTEN GARZEIT: 30 MINUTEN

◁ AUBERGINENSALAT

1 kg große Auberginen
125 ml Olivenöl
1 Zwiebel, fein gehackt
½ TL gemahlener Zimt
4 Knoblauchzehen, zerdrückt
800 g stückige Tomaten aus der Dose
2 EL gehacktes Koriandergrün
3 EL gehackte glatte Petersilie
1 EL Zitronensaft
2 EL gehackte Minze
150 g griechischer Joghurt
25 g geröstete Pinienkerne

FÜR 6 PERSONEN

Auberginen in 2 Zentimeter große Würfel schneiden. In ein Sieb geben, großzügig mit Salz bestreuen und über einer Schüssel 30 Minuten stehen lassen. Unter kaltem Wasser abspülen und mit einem Küchenhandtuch abtrocknen.

2 Esslöffel Öl in einer großen Pfanne erhitzen und die Auberginen darin portionsweise goldbraun braten, nach Bedarf mehr Öl in die Pfanne geben. Auf Küchenpapier abtropfen lassen.

Wieder 2 Esslöffel Öl in die Pfanne geben und die Zwiebel darin 1 Minute anbraten. Zimt und die Hälfte des Knoblauchs dazugeben, 1 Minute braten und die Tomaten hineingeben. Auberginen dazugeben und ohne Deckel 1 Stunde köcheln lassen, bis die Mischung ziemlich trocken ist. Jeweils die Hälfte des Korianders und der Petersilie unterrühren und abkühlen lassen. 2 Esslöffel Öl mit Zitronensaft, dem restlichen Knoblauch und Minze vermischen und unter den Joghurt rühren.

Pinienkerne mit dem Salat vermischen und mit den restlichen frischen Kräutern garnieren. Bei Zimmertemperatur mit dem Knoblauch-Joghurt-Dressing servieren.

VORBEREITUNG: CA. 20 MINUTEN GARZEIT: 1 STUNDE 35 MINUTEN

ROMANASALAT MIT SPECK UND TOMATEN

4 Scheiben Frühstücksspeck
1 Romanasalat
200 g Kirschtomaten, halbiert
1 Avocado, gehackt

DRESSING
125 g Naturjoghurt
1 EL körniger Senf
1 EL Zitronensaft
1 TL Honig

FÜR 4 PERSONEN

Speck in einer Pfanne bei mittlerer Hitze knusprig braten. Auf Küchenpapier abkühlen lassen und grob hacken.

Mit dem Salat, Tomaten und Avocado in eine Schüssel geben und vorsichtig vermengen.

Für das Dressing Joghurt, Senf, Zitronensaft und Honig vermischen. Über den Salat träufeln und vermischen.

VORBEREITUNG: 10 MINUTEN GARZEIT: 10 MINUTEN

GADO GADO

6 neue Kartoffeln
2 Karotten, in Stäbchen geschnitten
250 g Spargelbohnen, in 10 cm lange Stücke geschnitten
2 EL Erdnussöl
250 g fester Tofu, gewürfelt
100 g junge Spinatblätter
2 kurze Salatgurken, in Stäbchen geschnitten
1 große rote Paprika, in dicke Streifen geschnitten
100 g Sojasprossen
5 hart gekochte Eier, halbiert

ERDNUSSSAUCE
1 EL Erdnussöl
1 Zwiebel, fein gehackt
160 g Erdnussbutter
60 ml Ketjap Manis
2 EL gemahlener Koriander
2 TL Chilisauce
185 ml Kokosmilch
1 TL geriebener Palmzucker oder weicher brauner Zucker
1 EL Zitronensaft

FÜR 6–8 PERSONEN

Kartoffeln in Wasser gar kochen. Abgießen, leicht abkühlen lassen und vierteln.

Karotten und Bohnen getrennt bissfest kochen. Abgießen, in Eiswasser abschrecken und gut abtropfen lassen.

Öl in einer antihaftbeschichteten Pfanne erhitzen und den Tofu darin portionsweise knusprig braten. Auf Küchenpapier abtropfen lassen.

Für die Erdnusssauce das Öl in einer Pfanne auf kleiner Flamme erhitzen und die Zwiebel darin 5 Minuten andünsten. Erdnussbutter, Ketjap Manis, Koriander, Chilisauce und Kokosmilch dazugeben. Aufkochen, die Hitze reduzieren und 5 Minuten köcheln lassen. Zucker und Zitronensaft unterrühren, bis der Zucker sich aufgelöst hat.

Die Sauce in eine Schale geben und auf eine Platte stellen. Gemüse, Tofu und Eier rundum arrangieren.

VORBEREITUNG: 30 MINUTEN GARZEIT: 35 MINUTEN

◁ GARTENSALAT

1 grüner Eichblattsalat
150 g Rucola
1 kleiner Radicchio
1 große grüne Paprika, in dünne Streifen geschnitten
abgeriebene Schale von 1 unbehandelten Zitrone

DRESSING
2 EL grob gehacktes Koriandergrün
60 ml Zitronensaft
2 TL weicher brauner Zucker
2 EL Olivenöl
1 Knoblauchzehe, zerdrückt (nach Belieben)

FÜR 4–6 PERSONEN

Grünen Salat in mundgerechte Stücke zupfen. Mit Paprika und Zitronenschale in einer großen Salatschüssel mischen.

Für das Dressing alle Zutaten in einer kleinen Schüssel verschlagen. Über den Salat geben und unterheben.

VORBEREITUNG: 15 MINUTEN GARZEIT: KEINE

TIPPS: Dressing und Salat erst kurz vor dem Servieren zubereiten. Verwenden Sie Ihre liebsten grünen Salate für dieses Rezept.

Im Sommer schmeckt der Salat herrlich mit gekühltem Frascati oder einem leichten Rotwein.

ROTE-BETE-SALAT MIT NEKTARINEN

1,3 kg kleine Rote Bete, geputzt
4 Nektarinen
2 EL geröstete Sonnenblumenkerne
2 EL Kerbel

DRESSING
1 EL körniger Senf
2 EL Himbeeressig
2 EL Honig
90 g Naturjoghurt
60 ml Öl

FÜR 4–6 PERSONEN

Rote Bete kochen, dämpfen oder in der Mikrowelle garen, bis sie weich sind. Abgießen, etwas abkühlen lassen und vierteln. Die Nektarinen in dicke Spalten schneiden. Rote Bete, Nektarinen, Sonnenblumenkerne und Kerbelblätter vermengen.

Für das Dressing Senf, Essig, Honig, Joghurt und Öl verrühren. Kurz vor dem Servieren über den Salat träufeln.

VORBEREITUNG: 15 MINUTEN GARZEIT: 15 MINUTEN

MAROKKANISCHES LAMM MIT GERÖSTETER PAPRIKA UND FUSILLI

500 g Lammfilet
3 TL gemahlener Kreuzkümmel
1 EL gemahlener Koriander
2 TL gemahlener Piment
1 TL gemahlener Zimt
½ TL gemahlener Cayennepfeffer
4 Knoblauchzehen, zerdrückt
80 ml Olivenöl
125 ml Zitronensaft
2 rote Paprika
400 g Fusilli
60 ml Olivenöl extra
2 TL Harissa (Würzpaste)
150 g Rucola

FÜR 4–6 PERSONEN

Filets halbieren, wenn sie sehr lang sind. Kreuzkümmel, Koriander, Piment, Zimt, Cayennepfeffer, Knoblauch, Olivenöl und die Hälfte des Zitronensafts vermischen. Lamm dazugeben, gut verrühren und im Kühlschrank über Nacht marinieren lassen.

Den Grill vorheizen. Paprika in große Stücke schneiden und mit der Hautseite nach oben grillen, bis sie schwarz sind und Blasen zeigen. In einer Plastiktüte abkühlen lassen und die Haut abziehen. In dünne Streifen schneiden.

Die Fusilli in einem großen Topf kochendem Wasser al dente kochen. Abgießen und warm halten.

Lammfleisch abtropfen lassen, 1 Esslöffel extra natives Olivenöl in einer großen Pfanne erhitzen und das Fleisch bei großer Hitze bis zum gewünschten Gargrad braten. Aus der Pfanne nehmen und mit Alufolie abdecken.

Wieder 1 Teelöffel Öl in der Pfanne erhitzen. Harissa bei mittlerer Hitze einige Sekunden darin anbraten. Vorsicht, dabei könnte es spritzen! Mit dem restlichen Öl und Zitronensaft in ein kleines Schraubglas geben und gut schütteln. Mit Salz und Pfeffer abschmecken.

Lammfilet in dünne Scheiben schneiden und mit den warmen Nudeln, Paprika und Rucola vermengen. Harissadressing unterheben und warm servieren.

VORBEREITUNG: CA. 25 MINUTEN   GARZEIT: 25 MINUTEN

◁ GURKENSALAT MIT FETA, MINZE UND DILL

120 g Feta
4 Landgurken
1 kleine rote Zwiebel, in dünne Ringe geschnitten
1 ½ EL fein gehackter Dill
1 EL getrocknete Minze
60 ml Olivenöl
1 ½ EL Zitronensaft

FÜR 4 PERSONEN

Feta in 1 Zentimeter große Stücke schneiden und in eine Schüssel geben. Gurken schälen, entkernen und in 1 Zentimeter große Würfel schneiden. Mit Zwiebel und Dill in die Schüssel geben.

Minze mit Mörser und Stößel zerstoßen oder durch ein feines Sieb drücken, bis sie sehr fein ist. Mit Öl und Zitronensaft mischen und mit Salz und Pfeffer abschmecken. Über den Salat gießen und gut unterheben.

VORBEREITUNG: 15 MINUTEN GARZEIT: KEINE

CHEFSALAT

DRESSING
125 ml extra natives Olivenöl
2 EL Weißweinessig
1 TL Zucker

1 Eisbergsalat
2 Tomaten, in Spalten geschnitten
2 Stangensellerie, in dünne Stäbchen geschnitten
1 gekochte Hühnerbrust ohne Haut, in dünne Streifen geschnitten
200 g Schinken, in dünne Streifen geschnitten
60 g Schweizer Käse, in Streifen geschnitten
3 hart gekochte Eier, in Spalten geschnitten
6 Radieschen, in Scheiben geschnitten

FÜR 4 PERSONEN

Die Zutaten für das Dressing miteinander verrühren und mit Salz und Pfeffer abschmecken.

Salatblätter zerreißen und auf 4 Teller verteilen. Je eine Schicht Tomate, Sellerie, Hühnchen, Schinken, Käse, Ei und Radieschen daraufgeben. Dressing darüberträufeln und sofort servieren.

VORBEREITUNG: 25 MINUTEN GARZEIT: KEINE

FARFALLESALAT MIT GETROCKNETEN TOMATEN UND SPINAT

500 g Farfalle oder Spiralnudeln
3 Frühlingszwiebeln
50 g getrocknete Tomaten, in Streifen geschnitten
1 kg junger Blattspinat, geputzt und die Blätter in feine Streifen geschnitten
50 g geröstete Pinienkerne
1 EL gehackter Oregano
60 ml Olivenöl
1 TL Chili, in feine Streifen geschnitten
1 Knoblauchzehe, zerdrückt

FÜR 6 PERSONEN

Nudeln in einem großen Topf Salzwasser al dente kochen. Abgießen, kalt abschrecken und abtropfen lassen. Abkühlen lassen und in eine große Schüssel geben.

Frühlingszwiebeln diagonal in Scheiben schneiden. Mit den Tomaten, Spinat, Pinienkernen und Oregano zu den Nudeln geben.

Für das Dressing Öl, Chili, Knoblauch, Salz und Pfeffer in ein Schraubglas geben und gut verschütteln. Über den Salat gießen und unterheben.

VORBEREITUNG: 20 MINUTEN GARZEIT: 15 MINUTEN

◁ PASTRAMI-NUDEL-SALAT MIT PILZEN UND GURKE

200 g Bandnudeln, in Viertel gebrochen
250 g Pastrami, in dünne Streifen geschnitten
1 Selleriestange, in Scheiben geschnitten
2 kleine Tomaten, in Spalten geschnitten
1 Landgurke, in dünne Scheiben geschnitten
80 g kleine Champignons, in Scheiben geschnitten
1 EL gehacktes Koriandergrün

DRESSING
60 ml Olivenöl
2 EL Rotweinessig
1/2 TL Dijonsenf
1 Knoblauchzehe, zerdrückt
1/4 TL scharfes Chiliöl

FÜR 4 PERSONEN

Bandnudeln in einem großen Topf Salzwasser al dente kochen. Abgießen, abschrecken und abtropfen lassen. Sobald sie abgekühlt sind, in eine große Schüssel geben.

Pastrami, Sellerie, Tomatenspalten, Gurke und Pilze zu den Nudeln geben.

Für das Dressing alle Zutaten in einem Schraubglas gut verschütteln.

Dressing über den Salat geben und abgedeckt mehrere Stunden in den Kühlschrank stellen. Abschmecken und vor dem Servieren mit Koriandergrün bestreuen.

VORBEREITUNG: CA. 20 MINUTEN GARZEIT: 10 MINUTEN

THUNFISCH-NUDEL-SALAT

500 g Conchiglie (muschelförmige Nudeln)
200 g Bohnen, geputzt und blanchiert
2 rote Paprika, in dünnen Streifen
2 Frühlingszwiebeln, gehackt
425 g Thunfisch in Öl aus der Dose
2 EL Olivenöl
60 ml Weißweinessig
1 EL Zitronensaft
1 Knoblauchzehe, zerdrückt
1 TL Zucker
1 Landgurke, in dünne Scheiben geschnitten
6 hart gekochte Eier, geviertelt
4 Tomaten, geachtelt
80 g schwarze Oliven
2 EL gehacktes Basilikum

FÜR 6 PERSONEN

Nudeln in einem großen Topf Salzwasser al dente kochen. Abgießen, kalt abschrecken und gut abtropfen lassen.

Bohnen in kurze Stücke schneiden. Nudeln, Bohnen, Paprika und Frühlingszwiebeln in einer großen Schüssel gut vermischen. Thunfisch abgießen, das Öl dabei auffangen, und den Fisch mit einer Gabel zerkleinern.

Thunfischöl, Olivenöl, Essig, Zitronensaft, Knoblauch und Zucker in ein kleines Schraubglas geben und 2 Minuten kräftig schütteln, bis alles gut vermischt ist.

Nudeln in die Mitte einer großen Servierplatte geben. Gurke, Eier und Tomaten am Rand der Platte arrangieren und die Hälfte des Dressings darüber verteilen. Thunfisch, Oliven und Basilikum darüberstreuen und kurz vor dem Servieren mit dem restlichen Dressing beträufeln.

VORBEREITUNG: 20 MINUTEN GARZEIT: 15 MINUTEN

GEWÜRZREIS MIT LAMM

3 Lammkeulen (etwa 1 kg)
1 große Zwiebel, in Scheiben geschnitten
10 ganze Nelken
1 Zimtstange
5 Kardamomkapseln
60 ml geschmolzenes Ghee, Butterschmalz oder Öl
1 TL zerdrückter Knoblauch
2 Schalotten, in dünne Scheiben geschnitten
1/4 TL gemahlener Zimt
1/4 TL gemahlene Nelken
1/4 TL frisch geriebene Muskatnuss
600 g Langkornreis
1/4 TL Safranfäden
Korinthen zum Garnieren
geschälte Pistazien zum Garnieren

FÜR 4 PERSONEN

Lamm mit Zwiebel, Nelken, Zimtstange, Kardamomkapseln, 2 Liter Wasser und 1 1/2 Teelöffel Salz in einen Topf geben. Aufkochen und 1–1,5 Stunden köcheln lassen, bis das Fleisch weich ist, dabei gelegentlich den Schaum von der Oberfläche schöpfen. Keulen aus der Kochflüssigkeit heben und etwas abkühlen lassen. Die restliche Flüssigkeit durch ein Sieb gießen und abmessen. Wenn nötig mit Wasser auf 1,25 Liter auffüllen.

Ghee oder Öl in einem kleinen Topf erhitzen und Knoblauch und Schalotten darin dünsten, bis sie reduziert sind und gerade Farbe annehmen. Die gemahlenen Gewürze und 1/4 Teelöffel frisch gemahlenen schwarzen Pfeffer dazugeben.

Das Fleisch von den Keulen lösen und würfeln. Mit der Zwiebel-Gewürzmischung in eine Schüssel geben.

Den Reis waschen und abgießen. Die Hälfte in einen Topf mit gut schließendem Deckel geben und die Fleisch-Zwiebel-Mischung darauf verteilen. Den restlichen Reis darauf verstreichen.

Safranfäden in einer trockenen Pfanne bei geringer Hitze unter ständigem Rühren rösten, bis sie trocken und knusprig sind. Abkühlen lassen. In eine Schüssel geben und mit einem Löffelrücken zerdrücken. In 60 Milliliter Wasser auflösen.

Die Kochflüssigkeit und den aufgelösten Safran vorsichtig in den Topf mit Fleisch und Reis gießen und aufkochen. Abdecken, die Hitze auf sehr niedrige Stufe reduzieren und 20 Minuten köcheln lassen. Den Deckel entfernen und den Reis mit einer Gabel auflockern. Bei Zimmertemperatur mit Korinthen und Pistazien garniert servieren.

VORBEREITUNG: 30 MINUTEN GARZEIT: 2 STUNDEN

◁ GRÜNER PAPAYASALAT

370 g grüne Papaya, geschält und entkernt
90 g Spargelbohnen, in 2 cm lange Stücke geschnitten
2 Knoblauchzehen
2 kleine rote Chilis, gehackt
5 TL getrocknete Shrimps
8 Kirschtomaten, halbiert
50 g Korianderzweige
40 g gehackte geröstete Erdnüsse

DRESSING
60 ml Fischsauce
2 EL Tamarindenpaste
1 EL Limettensaft
3 EL geriebener Palmzucker oder weicher brauner Zucker

FÜR 6 PERSONEN

Papaya raspeln, mit Salz bestreuen und 30 Minuten stehen lassen. Gut abspülen.

Bohnen in kochendem Wasser 3 Minuten blanchieren. Abgießen, kalt abschrecken und gut abtropfen lassen.

Für das Dressing alle Zutaten in einer kleinen Schüssel mischen und beiseitestellen.

Knoblauch und Chili in einem Mörser mit dem Stößel zerstoßen. Getrocknete Shrimps dazugeben und fein pürieren. Papaya und Bohnen dazugeben und 1 Minute leicht stoßen. Tomaten dazugeben und leicht zerdrücken.

Koriander unter den Salat heben und auf Teller häufen. Das Dressing darüber verteilen. Mit Erdnüssen und nach Wunsch in Streifen geschnittener roter Chili bestreuen.

VORBEREITUNG: CA. 25 MINUTEN   GARZEIT: 5 MINUTEN

WILDREISSALAT

95 g Wildreis
250 ml Hühnerbrühe
20 g Butter
100 g Basmatireis
60 g Mandelblättchen
1 EL Olivenöl
2 Scheiben Speck, gehackt
125 g Korinthen
30 g gehackte glatte Petersilie
6 Frühlingszwiebeln, in dünne Scheiben geschnitten
abgeriebene Schale und Saft von 1 unbehandelten Zitrone
Olivenöl zum Beträufeln
Zitronenspalten zum Servieren

FÜR 4 PERSONEN

Wildreis und Brühe mit Butter aufkochen und abgedeckt bei geringer Hitze 1 Stunde kochen lassen. Abgießen.

Basmati in einen zweiten Topf mit kaltem Wasser geben, aufkochen und 12 Minuten sanft köcheln lassen, dann abgießen.

Beide Reissorten in einer Schüssel mischen und auf Zimmertemperatur abkühlen lassen.

Mandeln in einer trockenen Pfanne einige Minuten leicht anrösten, bis sie sich goldgelb verfärben. Öl in derselben Pfanne erhitzen und den Speck darin 5 Minuten anbraten. Aus der Pfanne nehmen und abkühlen lassen.

Reis mit Speck, Korinthen, Mandeln, Petersilie, Frühlingszwiebeln, Zitronenschale und -saft vermischen. Mit Salz und Pfeffer abschmecken, mit Öl beträufeln und mit Zitronenspalten servieren.

VORBEREITUNG: CA. 20 MINUTEN   GARZEIT: 1 STUNDE

GEMISCHTER MEERESFRÜCHTESALAT

1,25 kg große gekochte Garnelen
12 gekochte Flusskrebse
500 g Jakobsmuscheln
125 ml trockener Weißwein
1 Prise getrockneter Thymian
1 Prise getrockneter Estragon oder 1 Lorbeerblatt
400 g Lachs, Forelle oder festes weißes Fischfilet, z. B. Seehecht, Seeteufel oder Kabeljau
6 hart gekochte Eier
150 g gemischte Salatblätter
2 EL gehackte glatte Petersilie
2 reife Avocados, in Scheiben
2 EL Zitronensaft

VINAIGRETTE
125 ml extra natives Olivenöl
2 EL Weißweinessig
1 TL Zucker
2 TL Dijonsenf
1 EL gehackter Dill

GREEN-GODDESS-DRESSING
310 g Mayonnaise
4 Anchovisfilets aus der Dose, abgegossen und fein gehackt
1 Knoblauchzehe, zerdrückt
60 g saure Sahne
3 EL gehackte Kräuter wie Schnittlauch, Petersilie oder Dill

FÜR 8 PERSONEN

Garnelen schälen, die Schwanzenden aber intakt lassen. Am Kopf beginnend vorsichtig den Darm herausziehen.

Den Panzer der Flusskrebse an der Unterseite mit einer Schere aufschneiden, dabei am Kopf anfangen und Richtung Schwanz schneiden. Auseinanderbrechen und das Fleisch herausziehen. Die Därme entfernen und die Panzer wegwerfen.

Adern, Membrane und harte weiße Muskeln von den Jakobsmuscheln abschneiden.

250 Milliliter Wasser mit Wein, Kräutern und je einer Prise Salz und Pfeffer in einen Topf geben. Aufkochen, die Hitze reduzieren und 5 Minuten köcheln lassen. Die Jakobsmuscheln hineingeben und 5 Minuten pochieren, bis sie gerade weiß geworden sind. Mit einem Schaumlöffel herausheben und abtropfen lassen. Fischfilets in die sanft siedende Flüssigkeit geben. Pochieren, bis der Fisch gerade gar und weich ist, mit einem Schaumlöffel herausheben und auf einem Rost abtropfen lassen. In große Stücke brechen.

Garnelen, Flusskrebse, Muscheln und Fisch in einer Schüssel mischen. Für die Vinaigrette Öl, Essig, Zucker, Senf und Dill mischen und mit Salz und Pfeffer abschmecken. Über die Meeresfrüchte gießen, abdecken und 1 Stunde in den Kühlschrank stellen.

Eier schälen und in Scheiben schneiden, dabei 2 Eigelbe beiseitelegen. Die Hälfte der Salatblätter in eine tiefe Schüssel geben. Die Hälfte der Meeresfrüchte darüber verteilen, dabei die Vinaigrette aufbewahren. Mit der Hälfte der Petersilie bestreuen, die Hälfte der Avocado darauflegen, mit der Hälfte des Zitronensafts beträufeln und die Hälfte der Eierscheiben darauflegen, darunter auch die überschüssigen Eiweißscheiben. Mit Salz und Pfeffer würzen. Alle Lagen wiederholen und wieder würzen. Mit der restlichen Vinaigrette beträufeln. Die beiseitegelegten Eigelbe darüber zerbröckeln. Mit dem Goddess-Dressing servieren.

Für das Goddess-Dressing alle Zutaten in einer Schüssel vermischen und abschmecken.

VORBEREITUNG: CA. 1 STUNDE GARZEIT: 20 MINUTEN

◁ KICHERERBSENSALAT MIT KREUZKÜMMELDRESSING

220 g getrocknete Kichererbsen
3 EL fein gehackte glatte Petersilie
1 kleine rote Zwiebel, fein gehackt
1 Knoblauchzehe, fein gehackt
60 ml Zitronensaft
2 EL Olivenöl
½ TL gemahlener Kreuzkümmel
1 Prise Cayennepfeffer
je ½ TL Salz und frisch gemahlenem schwarzen Pfeffer

FÜR 6 PERSONEN

Die getrockneten Kichererbsen in viel Wasser 8 Stunden oder über Nacht einweichen. Abgießen, in einen großen Topf geben, mit Wasser bedecken und bei großer Hitze aufkochen. Die Hitze auf niedrig reduzieren und 1,5 Stunden köcheln lassen, dabei evtl. Wasser nachfüllen, damit die Kichererbsen immer ganz bedeckt sind. Abgießen und abkühlen lassen.

Kichererbsen mit Petersilie, Zwiebel, Knoblauch, Zitronensaft, Olivenöl, gemahlenem Kreuzkümmel, Cayennepfeffer, Salz und Pfeffer in eine Schüssel geben und gut vermengen.

VORBEREITUNG: CA. 20 MINUTEN GARZEIT: 1 STUNDE 30 MINUTEN

IDIYAPPAM

225 g dünne Reisnudeln
80 ml Öl
50 g Cashewkerne
½ Zwiebel, gehackt
3 Eier
150 g frische oder tiefgekühlte Erbsen
10 Curryblätter
2 Karotten, geraspelt
2 Lauchstangen (nur der weiße Teil), in feine Streifen geschnitten
1 rote Paprika, gewürfelt
2 EL Ketchup
1 EL Sojasauce

FÜR 4 PERSONEN

Reisnudeln 30 Minuten in kaltem Wasser einweichen, abgießen und in einen Topf kochendes Wasser geben. Vom Herd nehmen und 3 Minuten ziehen lassen. Abgießen und kalt abschrecken.

Einen Esslöffel des Öls in einer Pfanne erhitzen und die Cashewnüsse darin goldbraun braten. Herausnehmen, die Zwiebel hineingeben und anbräunen, dann auf Küchenpapier abtropfen lassen.

Eier in 10 Minuten hart kochen und sofort in kaltem Wasser abkühlen. Schälen und in Spalten schneiden.

Erbsen in kochendem Wasser weich kochen.

Das restliche Öl in einer Pfanne erhitzen und die Curryblätter darin kurz frittieren. Karotten, Lauch und rote Paprika hineingeben und 1 Minute unter Rühren anbraten. Ketchup, Sojasauce, 1 Teelöffel Salz und Reisnudeln dazugeben, dabei ständig rühren, damit die Nudeln nicht in der Pfanne kleben bleiben. Auf einer Platte mit Erbsen, Nüssen, gebratenen Zwiebeln und Eierspalten garniert servieren.

VORBEREITUNG: CA. 10 MINUTEN GARZEIT: 20 MINUTEN

WILDREISSALAT MIT CHINESISCHER ENTE

200 g Wildreis
200 g Basmati- oder Jasminreis
16 dünne grüne Spargelstangen, holzige Enden entfernt und in Stücke geschnitten
8 Frühlingszwiebeln, in dünne Scheiben geschnitten
100 g Pekannüsse, grob gehackt
100 g getrocknete Cranberries
Schale und Saft von 1 unbehandelten Orange
1 ganze gebackene Ente vom Chinesen

DRESSING
125 ml Sojasauce
2 EL Zucker
1 1/2 EL Balsamicoessig
1 1/2 EL Erdnussöl
2 TL Sesamöl
2 TL frisch geriebener Ingwer
2 kleine rote Chilis, fein gehackt

FÜR 4–6 PERSONEN

Wildreis in einen Topf mit kaltem Salzwasser geben, aufkochen und 30 Minuten kochen lassen. Basmati- oder Jasminreis dazugeben und weitere 10 Minuten kochen, bis beide Reissorten gerade weich sind. Abgießen, kalt abschrecken, abtropfen lassen und in eine große Schüssel geben.

Spargel in kochendem Wasser blanchieren, abgießen und kalt abschrecken. Zum Reis geben.

Frühlingszwiebeln, Pekannüsse, Cranberries und Orangenschale zum Reis geben und gut vermischen.

Alle Zutaten für das Dressing und den Orangensaft in ein Schraubglas geben und gut schütteln.

Den Ofen auf 200 °C vorheizen. Die Haut der Ente entfernen und in grobe Stücke zerreißen. Das Fleisch klein schneiden und zum Reis geben. Haut auf ein Backblech geben und in 5 Minuten knusprig backen. Auf Küchenpapier abtropfen lassen und in Streifen schneiden.

Das Dressing wenn nötig nochmals schütteln, über den Salat gießen und unterheben. In kleinen Schalen mit knusprigen Entenhautstreifen bestreut servieren.

VORBEREITUNG: 15 MNUTEN GARZEIT: 50 MINUTEN

◁ LINSENSALAT

1 kleine Zwiebel, geschält
2 ganze Nelken
300 g Puy-Linsen oder kleine blau-grüne Linsen (s. Tipp)
1 Streifen Zitronenschale
2 Knoblauchzehen, geschält
1 Lorbeerblatt
2 TL gemahlener Kreuzkümmel
2 EL Rotweinessig
60 ml Olivenöl
1 EL Zitronensaft
2 EL fein gehackte Minze
3 Frühlingszwiebeln, in dünnen Scheiben

FÜR 4–6 PERSONEN

Die Zwiebel mit den Nelken spicken und mit Linsen, Zitronenschale, Knoblauch, Lorbeerblatt, 1 Teelöffel Kreuzkümmel und 875 Milliliter Wasser in einen Topf geben. Aufkochen, dann bei mittlerer Hitze 25–30 Minuten sanft köcheln lassen, bis die Linsen weich sind. Überflüssiges Wasser abgießen und Zwiebel, Zitronenschale und Lorbeerblatt entfernen. Knoblauch herausnehmen und fein hacken.

Essig, Öl, Zitronensaft, Knoblauch und restlichen Kreuzkümmel vermischen. Dressing mit Minze und Frühlingszwiebeln unter die Linsen rühren. Kräftig abschmecken und 30 Minuten ziehen lassen, damit sich die Aromen entfalten können. Bei Zimmertemperatur servieren.

VORBEREITUNG: CA. 15 MINUTEN GARZEIT: 30 MINUTEN

TIPP: Puy-Linsen sind kleine grüne Linsen, die es in Feinkostgeschäften, einigen Supermärkten und im Internetversand gibt.

SCHNELLER SPINATSALAT

2 EL Olivenöl
1 Knoblauchzehe, zerdrückt
2 TL Weißweinessig
100 g Champignons, in dünne Scheiben geschnitten
300 g junge Blattspinatblätter, zerrupft
2 hart gekochte Eier, in Scheiben
100 g Feta

FÜR 2–4 PERSONEN

In einer Schüssel Olivenöl, Knoblauch, Essig und etwas schwarzen Pfeffer verrühren. Die Pilze dazugeben und gut vermischen.

Spinatblätter in eine Salatschüssel geben. Pilze, Dressing und Ei dazugeben und alles mischen. Den Feta darüberbröseln.

VORBEREITUNG: 15 MINUTEN GARZEIT: KEINE

HÜHNCHEN-CHORIZO-PAELLA

60 ml Olivenöl
1 große rote Paprika,
in 5 mm breite Streifen geschnitten
600 g Hühnchenfleisch aus der Keule,
ohne Haut und Knochen,
in 3 cm große Würfel geschnitten
200 g Chorizo,
in 2 cm dicke Scheiben geschnitten
200 g Champignons, in dünnen Scheiben
3 Knoblauchzehen, zerdrückt
1 EL abgeriebene Zitronenschale
700 g reife Tomaten, grob gehackt
200 g grüne Bohnen, geputzt und
in 3 cm lange Stücke geschnitten
1 EL gehackter Rosmarin
2 EL gehackte glatte Petersilie
¹/₄ TL Safranfäden,
in 60 ml heißem Wasser aufgelöst
440 g Rundkornreis
750 ml heiße Hühnerbrühe
6 Zitronenspalten zum Servieren

FÜR 6 PERSONEN

In einer Paellapfanne oder in einer großen, tiefen Pfanne mit schwerem Boden das Olivenöl bei mittlerer Flamme erhitzen. Paprika hineingeben, unter Rühren 6 Minuten anbraten, bis sie weich werden, und aus der Pfanne nehmen.

Hühnchen hineingeben und 10 Minuten anbräunen. Aus der Pfanne nehmen. Chorizo hineingeben und 5 Minuten anbraten. Aus der Pfanne nehmen und Pilze, Knoblauch und Zitronenschale hineingeben. Bei mittlerer Hitze 5 Minuten braten.

Tomaten und Paprika unterrühren und weitere 5 Minuten braten, bis die Tomaten weich sind.

Bohnen, Rosmarin, Petersilie, Safranmischung, Reis, Hühnchen und Chorizo dazugeben. Kurz rühren und die Brühe angießen. Ab jetzt nicht mehr rühren. Die Hitze reduzieren und 30 Minuten köcheln lassen. Vom Herd nehmen, abdecken und 10 Minuten stehen lassen. Mit Zitronenspalten servieren.

VORBEREITUNG: CA. 30 MINUTEN   GARZEIT: 1 STUNDE 5 MINUTEN

TIPP: Paellapfannen sind in guten Küchenausstattungsgeschäften erhältlich.

HANDLICHE HAUPTGERICHTE

ROSETTAS

7 g Trockenhefe
1 TL Zucker
560 g ungebleichtes Mehl, gesiebt
50 g weiche Butter
60 ml Olivenöl
55 g Zucker
Milch zum Bestreichen
Mehl zum Bestäuben

ERGIBT 10 STÜCK

Zwei Backbleche leicht einfetten. Hefe und Zucker mit 125 Milliliter lauwarmem Wasser verrühren. An einem warmen Ort 10 Minuten stehen lassen, bis sich an der Oberfläche Blasen bilden. Die Mischung sollte schaumig und leicht aufgegangen sein. Wenn die Hefe nicht schäumt, ist sie tot und muss erneut angesetzt werden.

Von dem Mehl 30 Gramm beiseitestellen, den Rest mit 1 Teelöffel Salz in eine große Schüssel geben und eine Vertiefung in die Mitte drücken. Hefemischung, Butter, Öl, Zucker und 315 Milliliter lauwarmes Wasser dazugeben. Mit einem Holzlöffel rühren, bis der Teig sich von den Seiten der Schüssel löst und einen groben, klebrigen Ball formt. Auf eine bemehlte Arbeitsplatte geben und 10 Minuten kneten, bis er glatt und elastisch ist. Wenn nötig etwas von dem beiseitegestellten Mehl dazugeben, um einen glatten Teig zu erhalten. In eine große eingeölte Schüssel geben und die Oberfläche mit geschmolzener Butter oder Öl bestreichen. Mit Frischhaltefolie abdecken und an einem warmen Ort 1 Stunde aufgehen lassen.

Die Luft aus dem Teig schlagen und 1 Minute kneten. In 10 Portionen teilen und jede zu einem glatten Ball formen. Mit 5 Zentimeter Abstand auf die Backbleche setzen. Mit einem runden Ausstecher von 3 Zentimeter Ø eine 1 Zentimeter tiefe Kerbe in die Mitte jeder Kugel drücken. Mit einem scharfen Messer in gleichmäßigem Abstand fünf 1 Zentimeter tiefe Einschnitte in die Seiten der Brötchen machen. Mit Frischhaltefolie oder einem Küchenhandtuch abdecken und an einem warmen Ort 1 Stunde aufgehen lassen.

Den Ofen auf 180 °C vorheizen. Die Brötchen mit Milch bestreichen und von dem übrigen Mehl etwas darübersieben. In 25 Minuten goldgelb backen. Die Plätze der Bleche einmal vertauschen, sollte eines schneller bräunen als das andere. Auf einem Rost abkühlen lassen.

VORBEREITUNG: CA. 40 MINUTEN BACKZEIT: 25 MINUTEN

TIPP: Rosettas schmecken am besten am selben Tag, sie können jedoch bis zu 1 Monat eingefroren werden.

◁ BRUSCHETTA MIT SPINAT-KÄSE-ROULADE

- 1 Baguette oder anderes Krustenweißbrot
- 2 EL Öl
- 500 g Spinat
- 90 g Frischkäse
- 90 g Ziegenkäse
- 3 EL eingelegte Pimiento-Paprika, abgegossen und fein gehackt

ERGIBT ETWA 24 STÜCK

Den Ofen auf 200 °C vorheizen. Das Brot in 1 Zentimeter dicke Scheiben schneiden, mit Olivenöl bestreichen und beide Seiten goldbraun rösten.

Vom Spinat die Stiele abschneiden und die Blätter in einer Schüssel mit kochendem Wasser übergießen. Einige Minuten stehen lassen, abgießen und abkühlen lassen. Überschüssige Flüssigkeit herauspressen und auf Küchenpapier abtropfen lassen.

Spinatblätter flach und überlappend auf ein Stück Frischhaltefolie legen, sodass sie ein Rechteck von 20 x 25 Zentimeter formen. Beide Käsesorten glatt miteinander verrühren. Die Käsemischung vorsichtig auf dem Spinat verstreichen. Gleichmäßig mit eingelegter Paprika belegen. Den Spinat aufrollen, sodass der Käse eingeschlossen wird, dabei die Folie zur Hilfe nehmen. Folie abziehen und die Rolle mit einem scharfen Messer in Scheiben schneiden. Auf dem getoasteten Brot servieren.

VORBEREITUNG: 30 MINUTEN   GARZEIT: 10 MINUTEN

TIPP: Die Bruschettascheiben können mehrere Tage im Voraus zubereitet und in einer luftdichten Dose aufbewahrt werden.

Die Roulade kann einen Tag im Voraus hergestellt und in Frischhaltefolie im Kühlschrank aufbewahrt werden. Erst kurz vor dem Servieren zusammensetzen.

BRUSCHETTA MIT RÄUCHERLACHS UND KAPERN

- 1 Baguette oder anderes Krustenweißbrot
- 250 g Frischkäse
- 2 EL Zitronensaft
- 15 g klein geschnittener Schnittlauch
- 100 g Räucherlachs, in Scheiben
- 2 EL kleine Kapern, abgespült
- 2 Dillzweige zum Garnieren

ERGIBT ETWA 24 STÜCK

Das Brot in 1 Zentimeter dicke Scheiben schneiden, mit Olivenöl bestreichen und beide Seiten goldbraun rösten.

Frischkäse mit Zitronensaft und Schnittlauch verrühren. Auf die getoasteten Scheiben streichen, kleine Scheiben Räucherlachs und einige kleine Kapern darauflegen. Vor dem Servieren mit Dillzweigen garnieren.

VORBEREITUNG: 20 MINUTEN   GARZEIT: 5 MINUTEN

OLIVENÖLKEKSE MIT TOMATEN-FETA-SALSA

7 g Trockenhefe oder 15 g frische Hefe
1 TL Zucker
185 g Mehl
225 g Vollkornmehl
1 TL gemahlener Zimt
1 1/2 EL Sesamsamen, geröstet
125 ml Olivenöl

TOMATEN-FETA-SALSA
4 reife Tomaten, gewürfelt
160 g Feta, zerbröselt
80 ml extra natives Olivenöl
2 EL Rotweinessig
1 TL getrockneter Oregano

ERGIBT ETWA 45 STÜCK

Hefe, Zucker, 2 Esslöffel Mehl und 60 Milliliter warmes Wasser verrühren. Mit Frischhaltefolie abgedeckt an einem warmen Ort 10 Minuten stehen lassen, bis sich Blasen bilden.

Restliches Mehl, Vollkornmehl und Zimt in eine Schüssel sieben, die Reste des Vollkornmehls aus dem Sieb dazugeben und Sesam und 1/2 Teelöffel Salz unterrühren. Das Öl hineingießen und mit dem Mehl verreiben, indem man eine Handvoll Mehl aus der Schüssel hebt und mit der anderen Hand darüberreibt. Eine Vertiefung in die Mitte drücken und die Hefemischung und etwa 60 Milliliter lauwarmes Wasser dazugeben. Es sollte ein weicher, nicht mehr klebriger Teig entstehen. Auf einer bemehlten Oberfläche in 2 Minuten glatt und elastisch kneten. In eine eingeölte Schüssel geben und einmal wenden, damit der Teig von Öl überzogen ist. Lose mit Frischhaltefolie abdecken und 45–60 Minuten an einem warmen Ort aufgehen lassen, bis sich das Volumen verdoppelt hat.

Den Ofen auf 200 °C vorheizen. Ein Backblech einfetten. Die Luft aus dem Teig schlagen, in drei Portionen teilen und jede zu einer etwa 30 Zentimeter langen Rolle formen. Die erste Rolle auf das Blech legen. Mit einem gezahnten Messer in Abständen von jeweils 2 Zentimeter den Teig bis fast zum Blech einschneiden (ergibt etwa 15 Teile). Mit den restlichen Rollen wiederholen.

Mit einem Küchenhandtuch abdecken und an einem warmen Ort 30 Minuten gut aufgehen lassen. 30 Minuten backen, bis die Unterseite gut gebräunt ist und die Rollen sich hohl anhören, wenn man gegen sie klopft. Die Ofentemperatur auf 120 °C verringern. Die Rollen auf dem Blech etwa 5 Minuten abkühlen lassen. Auf ein Brett legen und an den markierten Stellen durchschneiden. Mit der Schnittseite nach unten auf zwei Bleche legen und weitere 30 Minuten backen, bis die Oberseiten sich trocken anfühlen. Alle Kekse umdrehen und auf der anderen Seite ebenfalls 30 Minuten backen, bis sie vollständig trocken und knusprig sind. Abkühlen lassen und in einem luftdichten Behälter bis zu 3 Wochen aufbewahren.

Kekse kurz in kaltes Wasser tauchen und auf eine Platte legen. Tomaten und Feta mischen und darauf verteilen. Öl und Essig darüberträufeln und mit Oregano bestreuen. Mit Salz und Pfeffer würzen.

VORBEREITUNG: CA. 30 MINUTEN   BACKZEIT: 1 STUNDE 30 MINUTEN

◁ SPANISCHE KARTOFFELTORTILLA

125 ml Olivenöl
2 große Kartoffeln, geschält und in 5 mm dicke Scheiben geschnitten
2 große Zwiebeln, in Ringe geschnitten
3 Eier

ERGIBT 16 SPALTEN

Öl in einer antihaftbeschichteten Pfanne mit 20 Zentimeter Ø und Deckel erhitzen. Kartoffeln und Zwiebeln abwechselnd hineinschichten, abdecken und bei schwacher Hitze 8 Minuten garen. Mit einem Pfannenwender umdrehen (das muss nicht am Stück geschehen und die Kartoffeln dürfen dabei zerbrechen). Abdecken und wieder 8 Minuten garen, die Kartoffeln sollten dabei keine Farbe annehmen.

Ein Sieb auf eine Schüssel setzen, die Kartoffelmischung darin abtropfen lassen und 1 Esslöffel des Öls aufbewahren.

Eier in einer Schüssel mit etwas Salz und Pfeffer verschlagen. Die Kartoffelmischung hineingeben und mit einem Holzlöffel hineindrücken, damit sie vollständig vom Ei bedeckt ist.

Den aufbewahrten Esslöffel Öl in derselben Pfanne stark erhitzen. Die Eiermischung hineingeben und glatt in der Pfanne verstreichen. Bei niedriger Hitze abgedeckt 12 Minuten garen, bis das Ei gestockt ist. Die Pfanne vorsichtig schütteln, um sicherzustellen, dass die Tortilla nicht anhängt. Etwa 5 Minuten stehen lassen, dann auf einen Teller stürzen. In Spalten schneiden und bei Zimmertemperatur servieren.

VORBEREITUNG: CA. 20 MINUTEN GARZEIT: 30 MINUTEN

BRUSCHETTA MIT RUCOLA UND FETA

1 Baguette oder anderes Krustenweißbrot
90 g Rucolablätter
200 g Feta, zerbröselt
2 TL fein abgeriebene Orangenschale
2 EL Olivenöl
6 Scheiben Prosciutto

ERGIBT ETWA 30 STÜCK

Brot in 1 Zentimeter dicke Scheiben schneiden, mit Olivenöl bestreichen und beide Seiten goldbraun rösten.

Rucolablätter auf den Scheiben arrangieren. Feta mit Orangenschale und Olivenöl vermischen. Auf jede Bruschettascheibe 2 Teelöffel der Mischung geben.

Den Prosciutto kurz unter dem Grill knusprig grillen, dann über die Bruschetta bröseln.

VORBEREITUNG: 10 MINUTEN GARZEIT: 10 MINUTEN

CROSTINI MIT PAPRIKA-ROULADE

2 rote Paprika
2 gelbe Paprika
8 große Spinatblätter
1 EL gehackte glatte Petersilie
1 kleines Baguette
2 EL Olivenöl
gehobelter Parmesan zum Garnieren

ERGIBT ETWA 20 STÜCK

Den Grill vorheizen. Paprika halbieren und die Hautseite grillen, bis sie schwarz ist und Blasen wirft. In einer Plastiktüte abkühlen lassen und die Haut abziehen.

Stiele vom Spinat entfernen und die Blätter in eine Schüssel geben. Mit kochendem Wasser übergießen und einige Minuten stehen lassen. Abgießen und abkühlen lassen. Überschüssiges Wasser herauspressen und Blätter flach ausbreiten. Mit Küchenpapier abtupfen.

Zwei Frischhaltefolienstücke überlappend auf eine glatte Oberfläche legen. Die roten Paprikastücke ausbreiten, sodass sie ein Rechteck formen, dabei die Enden überlappen. Mit den Spinatblättern darauf die zweite Lage bilden. Aus den flachgedrückten gelben Paprikastücken eine dritte Schicht bilden, dabei keine Lücken lassen und die Enden leicht überlappen. Mit Petersilie bestreuen. Mithilfe der Frischhaltefolie längs fest aufrollen und die Enden zusammenrollen. Fest in Folie einwickeln, die Enden verdrehen und 3 Stunden in den Kühlschrank legen.

Den Ofen auf 200 °C vorheizen. Baguette in 1 Zentimeter dicke Scheiben schneiden. Auf ein Blech legen, mit Öl bestreichen, mit Salz bestreuen und 5–10 Minuten goldbraun backen.

Die Folie von der Roulade entfernen und in 1,5 Zentimeter dicke Scheiben schneiden. Auf die Crostini legen, mit Öl beträufeln und mit Parmesan garnieren.

VORBEREITUNG: CA. 30 MINUTEN   GARZEIT: 10 MINUTEN

TIPP: Brot und Belag können beide bis zu 6 Stunden im Voraus zubereitet werden. Legen Sie die Roulade jedoch nicht eher als 30 Minuten vor dem Servieren auf das Brot, sonst wird es weich.

◁ CHILI-POLENTA-KUCHEN

165 g Mehl
1 1/2 TL Backpulver
185 g Polenta
125 g geriebener Cheddarkäse
250 g Naturjoghurt
125 ml Milch
2 Eier
80 g gehackte rote Paprika
2 TL gehackte Chili
60 g Butter

ERGIBT EINEN KUCHEN VON 20 CM Ø

Den Ofen auf 200 °C vorheizen. Mehl, Backpulver und 1 Teelöffel Salz in eine Schüssel sieben. Polenta und Käse dazugeben.

In einer zweiten Schüssel Joghurt, Milch, Eier, rote Paprika und Chili verrühren.

Eine ofenfeste Bratpfanne mit 20 Zentimeter Ø erhitzen und die Butter darin schmelzen. Unter die Joghurtmischung rühren und alle flüssigen zu den trockenen Zutaten geben. Gut vermischen.

In die Pfanne gießen und 25–30 Minuten backen, bis ein hineingestochener Spieß sauber herauskommt.

VORBEREITUNG: 25 MINUTEN BACKZEIT: 30 MINUTEN

CHILI-KORIANDER-FRITTATA

3 Kartoffeln, klein gewürfelt
2 Bananenchilis oder andere hellgrüne milde Chilis
2 EL Olivenöl
1 Zwiebel, fein gehackt
1 kleine rote Chili, fein gehackt
1 EL gehacktes Koriandergrün
5 Eier, verschlagen

FÜR 6 PERSONEN

Kartoffeln in kochendem Wasser gerade gar kochen und abgießen.

Samen der Bananenchilis entfernen und in feine Streifen schneiden. Die Hälfte des Öls in einer antihaftbeschichteten Pfanne erhitzen. Bananenchilis bei mittlerer Hitze darin 2 Minuten weich dünsten. Aus der Pfanne nehmen und beiseitestellen. Restliches Öl in der Pfanne erhitzen. Zwiebel und rote Chili hineingeben. Bei mittlerer Hitze in 3 Minuten weich braten. Kartoffeln dazugeben und vermischen. Aus der Pfanne nehmen und beiseitestellen.

Die Hälfte der Bananenchilis wieder in die Pfanne geben und mit dem ganzen Koriander bestreuen. Die Hälfte der Kartoffelmischung darauf verteilen, dann den Rest Bananenchilis und mit der Kartoffelmischung abschließen.

Eier in die Pfanne gießen. Bei mittlerer Hitze 8 Minuten garen, bis die Eier fast vollständig gestockt sind, dann 4 Minuten unter den Grill stellen, damit die Oberfläche bräunt. Frittata auf einen Teller stürzen, abkühlen lassen und in Spalten geschnitten kalt servieren.

VORBEREITUNG: 25 MINUTEN GARZEIT: 30 MINUTEN

GEMÜSEFRITTATA MIT HUMMUS UND SCHWARZEN OLIVEN

HUMMUS
425 g Kichererbsen aus der Dose, abgegossen
2 Knoblauchzehen, zerdrückt
80 ml Zitronensaft
2 EL Naturjoghurt

2 große rote Paprika
600 g orangefarbene Süßkartoffel
500 g Aubergine
80 ml Olivenöl
2 Lauchstangen, in dünnen Scheiben
2 Knoblauchzehen, zerdrückt
250 g Zucchini, in dünnen Scheiben
8 Eier, leicht verschlagen
2 EL fein gehackter Basilikum
125 g geriebener Parmesan
60 g schwarze Oliven, entsteint und halbiert, zum Servieren

ERGIBT 30 QUADRATE

Für das Hummus Kichererbsen, Knoblauch, Zitronensaft, Joghurt und eine Prise schwarzen Pfeffer in der Küchenmaschine pürieren.

Den Grill vorheizen. Paprika vierteln und die Hautseite grillen, bis sie schwarz ist und Blasen wirft. In einer Plastiktüte abkühlen lassen und schälen.

Süßkartoffel in 1 Zentimeter dicke Scheiben schneiden, gerade gar kochen und abgießen.

Aubergine in 1 Zentimeter dicke Scheiben schneiden. Einen Esslöffel Öl in einer runden, tiefen Pfanne mit 23 Zentimeter Ø erhitzen und Lauch und Knoblauch darin bei mittlerer Hitze 1 Minute braten. Zucchini dazugeben und weitere 2 Minuten braten. Aus der Pfanne nehmen und beiseitestellen.

Restliches Öl in derselben Pfanne erhitzen und die Auberginenscheiben darin portionsweise 1 Minute auf jeder Seite golden braten. Den Boden der Pfanne mit der Hälfte der Aubergine auslegen und den Lauch darauf verteilen. Mit gerösteter Paprika, restlicher Aubergine und Süßkartoffel abschließen.

Eier, Basilikum, Parmesan und etwas schwarzen Pfeffer verschlagen und über das Gemüse gießen. Bei geringer Hitze 15 Minuten garen, bis das Ei fast gestockt ist. Dann 2–3 Minuten unter den vorgeheizten Grill geben, bis die Frittata goldbraun und gestockt ist. 10 Minuten abkühlen lassen und auf ein Brett stürzen. Die Ränder beschneiden und in 30 Quadrate zerteilen. Hummus und Oliven daraufgeben und bei Zimmertemperatur servieren.

VORBEREITUNG: CA. 30 MINUTEN GARZEIT: 35 MINUTEN

◁ ZIEGENKÄSE MIT KRÄUTERN

200 g Weinblätter in Salzlake
3 TL grüne oder rosa Pfefferkörner, abgegossen und gehackt
1 EL gehackter Majoran
3 x 100 g runder weicher Ziegenkäse
Roggenbrot zum Servieren

FÜR 6–8 PERSONEN

Weinblätter in eine hitzebeständige Schüssel geben, mit heißem Wasser übergießen und die Salzlake abwaschen. Gut abtropfen lassen und mit Küchenpapier trocken tupfen.

Pfefferkörner und Majoran in einer flachen Schüssel mischen. Ziegenkäse darin rollen, sodass alle Seiten davon bedeckt sind.

Einige Weinblätter mit der glänzenden Seite nach unten auf einer Arbeitsplatte arrangieren. Jeden Ziegenkäse in mehrere Schichten Weinblätter einwickeln.

Käse auf einer Grillplatte oder unter dem Ofengrill auf jeder Seite 3 Minuten grillen, bis die äußeren Blätter schwarz werden. Auf einen Teller geben und bis auf Zimmertemperatur abkühlen lassen. Der Käse ist zu weich, um ihn heiß zu servieren, wird aber beim Abkühlen wieder fester. Mit einer Schere die Weinblätter entfernen und den Käse mit Roggenbrot servieren.

VORBEREITUNG: 20 MINUTEN GARZEIT: 10 MINUTEN

TIPP: Der Käse kann einige Stunden im Voraus in die Weinblätter gewickelt werden.

KLEINE KREBSQUICHES MIT LIMETTE

2 große Scheiben TK-Blätterteig, aufgetaut
2 Eier
185 ml Kokosmilch
fein abgeriebene Schale von 1 kleinen Limette
2 TL Limettensaft
200 g Krebsfleisch aus der Dose, abgegossen
1 EL klein geschnittener Schnittlauch
weißer Pfeffer zum Würzen

ERGIBT 18 STÜCK

Den Ofen auf 210 °C vorheizen. Von zwei Mini-Muffinblechen mit jeweils 12 Vertiefungen insgesamt 18 Vertiefungen einfetten. Aus dem Teig mit einem Ausstecher von 8 Zentimeter Ø 18 Kreise ausstechen.

Eier leicht verschlagen und mit den restlichen Zutaten vermischen. Mit Salz und weißem Pfeffer würzen. Jeweils etwa 1 Esslöffel der Mischung in die Teigförmchen füllen.

In 20 Minuten goldbraun backen. Die Quiches gehen während des Backens leicht auf, fallen dann aber wieder in sich zusammen. Bei Zimmertemperatur servieren.

VORBEREITUNG: 15 MINUTEN BACKZEIT: 20 MINUTEN

KIBBEH

235 g feiner Bulgur
150 g mageres Lammhackfleisch
1 Zwiebel, gerieben
2 EL Mehl
1 TL gemahlener Piment

FÜLLUNG
2 TL Olivenöl
1 kleine Zwiebel, fein gehackt
100 g mageres Lammhackfleisch
1/2 TL gemahlener Piment
1/2 TL gemahlener Zimt
80 ml Rinderbrühe
2 EL grob gehackte Pinienkerne
2 EL gehackte Minze

ERGIBT 15 STÜCK

Bulgur in eine große Schüssel geben, mit kochendem Wasser bedecken und 5 Minuten stehen lassen. In ein Sieb abgießen und das überschüssige Wasser herausdrücken. Auf Küchenpapier ausbreiten, um die restliche Flüssigkeit aufzusaugen.

Bulgur, Hackfleisch, Zwiebel, Mehl und Piment zu einer glatten Paste pürieren. Kräftig abschmecken und 1 Stunde kühlen.

Für die Füllung Öl in einer Pfanne erhitzen und die Zwiebel bei geringer Hitze darin 3 Minuten weich dünsten. Lamm, Piment und Zimt dazugeben und bei großer Hitze 3 Minuten rühren. Brühe dazugeben und teilweise abgedeckt bei geringer Hitze 6 Minuten kochen, bis das Fleisch weich ist. Pinienkerne mit der Minze unterrühren. Abschmecken, in eine Schüssel geben und abkühlen lassen.

Von der Bulgurmischung 2 Esslöffel zu einer Rolle von 6 Zentimeter Länge formen. Hände in kaltes Wasser tauchen und mit dem Finger ein tiefes Loch in die Mitte der Rolle drücken. 2 Teelöffel der Füllung hineingeben und das Ende zusammendrücken, sodass die Rolle fingerförmig ist. Risse mit dem Finger glätten. Auf diese Art 15 Kibbeh herstellen und auf ein mit Folie ausgelegtes Tablett legen. Ohne Abdeckung 1 Stunde kühlen.

Eine tiefe schwere Pfanne zu einem Drittel mit Öl füllen und auf 180 °C erhitzen, bis ein Brotwürfel in 15 Sekunden bräunt. Kibbeh darin portionsweise 2–3 Minuten frittieren, bis sie gut gebräunt sind. Auf Küchenpapier abtropfen lassen.

VORBEREITUNG: CA. 45 MINUTEN   GARZEIT: 25 MINUTEN

◁ LAMM-BULGUR-SCHICHTSANDWICH

350 g Bulgur
400 g Lammhackfleisch
1 große Zwiebel, fein gehackt
1 EL gemahlener Kreuzkümmel
1 TL gemahlener Piment
Olivenöl zum Bestreichen

FÜLLUNG
1 EL Olivenöl
1 Zwiebel, fein gehackt
1 TL gemahlener Zimt
1 EL gemahlener Kreuzkümmel
500 g Lammhackfleisch
80 g Rosinen
100 g geröstete Pinienkerne
Naturjoghurt zum Servieren

FÜR 4–6 PERSONEN

Bulgur 30 Minuten in kaltem Wasser einweichen, abgießen und überschüssiges Wasser auspressen. Lamm, Zwiebel, Kreuzkümmel, Piment und etwas Salz und Pfeffer in der Küchenmaschine pürieren, bis die Mischung zusammenhält. Bulgur dazugeben und zu einer glatten Paste pürieren. Kühlen, bis es benötigt wird. Den Ofen auf 180 °C vorheizen. Eine Backform von 20 x 30 Zentimeter einfetten.

Für die Füllung das Öl in einer großen Pfanne auf mittlerer Flamme erhitzen und die Zwiebel darin 5 Minuten weich braten. Zimt und Kreuzkümmel hinzufügen und 1 Minute rühren, bis die Gewürze zu duften beginnen. Lammfleisch dazugeben und 5 Minuten unter Rühren anbräunen, dabei alle Klumpen zerstoßen. Rosinen und Pinienkerne unterrühren und mit Salz und Pfeffer abschmecken.

Die Hälfte der Bulgurmischung in der Form verteilen, mit nassen Händen glatt streichen und festdrücken. Die Füllung darauf verteilen und den restlichen Bulgur obenauf wieder mit nassen Händen verstreichen.

Mit einem Messer an der Oberfläche Rauten markieren und mit Olivenöl bestreichen. Im Ofen 40 Minuten backen, bis die Oberfläche gebräunt ist. 10 Minuten abkühlen lassen, dann in Rauten schneiden. Mit Naturjoghurt servieren.

VORBEREITUNG: CA. 30 MINUTEN GARZEIT: 55 MINUTEN

FORELLENFRITTATA MIT FETTUCINE UND FENCHEL

250 g ganze geräucherte Forelle
200 g Fettucine (Bandnudeln)
250 ml Milch
125 ml Sahne
4 Eier
1 Prise frisch geriebene Muskatnuss
40 g Fenchel, dünn geschnitten
4 Frühlingszwiebeln, in Scheiben
85 g geriebener Käse

Den Ofen auf 180 °C vorheizen. Eine Quicheform mit 23 Zentimeter Ø einfetten. Gräten und Haut von der Forelle entfernen.

Fettucine in viel Salzwasser al dente kochen und abgießen.

Milch, Sahne, Eier und Muskat in einer großen Schüssel glatt verschlagen und abschmecken. Forelle, Fettucine, Fenchel und Frühlingszwiebeln hineingeben und gut unterheben. In die Form geben und mit Käse bestreuen. Eine Stunde backen, bis das Ei gestockt ist.

FÜR 4 PERSONEN

VORBEREITUNG: 20 MINUTEN GARZEIT: 1 STUNDE 10 MINUTEN

SCHINKEN-EIER-TORTE

2 EL Öl
4 Scheiben durchwachsener Schinken, gehackt
250 g TK-Mürbeteig, aufgetaut
250 g TK-Blätterteig, aufgetaut
5 Eier, verschlagen
60 ml Sahne
1 verschlagenes Ei zusätzlich

FÜR 4–6 PERSONEN

Eine Pieform mit 20 Zentimeter Ø und losem Boden oder eine Springform einfetten. Das Öl in einer Pfanne erhitzen. Schinken darin einige Minuten leicht anbräunen. Auf Küchenpapier abtropfen und leicht abkühlen lassen.

Mürbeteig zwischen zwei Lagen Backpapier ausrollen, bis er etwas größer als die Form ist. In die Form drücken und mit einem Nudelholz über den Rand rollen, um überschüssigen Teig zu entfernen. 20 Minuten kühlen. Den Ofen auf 210 °C vorheizen.

Die Teigform mit Backpapier auslegen und mit Erbsen blind backen. 10 Minuten backen, die Blindbackerbsen herausnehmen und weitere 10 Minuten backen, bis der Teig trocken und goldgelb ist. Herausnehmen und abkühlen lassen.

Blätterteig zwischen zwei Lagen Backpapier ausrollen, bis er groß genug ist, um einen Deckel für die Torte zu formen. Schinken in der abgekühlten Teigform verteilen und die mit Sahne verschlagenen Eier darübergießen. Den Blätterteig darauflegen und an den Rändern gut festdrücken. Überschüssigen Teig abschneiden und dazu benutzen, den Rand zu dekorieren. Mit dem letzten Ei bestreichen und 30–35 Minuten backen, bis der Blätterteig aufgegangen und goldbraun ist. Bei Zimmertemperatur servieren.

VORBEREITUNG: CA. 20 MINUTEN GARZEIT: 1 STUNDE

TIPP: Die Torte kann einen Tag im Voraus zubereitet und im Kühlschrank aufbewahrt werden. Vor dem Servieren Zimmertemperatur annehmen lassen.

◁ ZIEGENKÄSEGALETTE

TEIG
125 g Mehl
60 ml Olivenöl

FÜLLUNG
1 EL Olivenöl
2 Zwiebeln, in dünnen Scheiben
1 TL Thymian
125 g Ricotta
100 g Ziegenkäse
2 EL entsteinte Niçoise-Oliven
1 Ei, verschlagen
60 ml Sahne

FÜR 6 PERSONEN

Für den Teig Mehl und eine Prise Salz in eine Schüssel sieben und eine Vertiefung in die Mitte drücken. Olivenöl dazugeben und mit einem Messer zu krümeliger Konsistenz verrühren. Nach und nach 60–80 Milliliter Wasser dazugeben, bis die Mischung zusammenhält. Aus der Schüssel nehmen und zu einer Scheibe zusammendrücken. Diese 30 Minuten kühlen.

Für die Füllung Öl in einer Pfanne erhitzen. Die Zwiebeln darin abgedeckt 30 Minuten dünsten. Mit Salz und Pfeffer würzen, den Thymian dazugeben und abkühlen lassen.

Den Ofen auf 180 °C vorheizen. Den Teig auf einer bemehlten Arbeitsfläche zu einem großen Kreis mit 30 Zentimeter Ø ausrollen und auf ein vorgeheiztes Backblech legen. Die Zwiebeln darauf verteilen, dabei einen 2 Zentimeter breiten Rand lassen. Ricotta und Ziegenkäse gleichmäßig über die Zwiebeln streuen. Oliven auf den Käse legen und mit dem restlichen Thymian bestreuen. Den Teigrand über den Rand der Füllung falten, dabei gleichmäßig in Falten legen.

Ei und Sahne verschlagen und über der Füllung verteilen. Im Ofen unten 45 Minuten backen, bis der Teig goldbraun ist.

VORBEREITUNG: CA. 20 MINUTEN GARZEIT: 1 STUNDE 15 MINUTEN

MEDITERRANE SCHNITTCHEN

1 rote Zwiebel
3 EL entsteinte schwarze Oliven
1 rote Paprika
1 grüne Paprika
2 EL Basilikum
3 TL Balsamicoessig
2 Knoblauchzehen, zerdrückt
60 ml Öl
3 zerdrückte Knoblauchzehen zusätzlich
1 Stück Focaccia von 30 x 40 cm
90 g geriebener Cheddarkäse

ERGIBT ETWA 20 STÜCK

Den Ofen auf 180 °C vorheizen und ein Blech mit Alufolie auslegen. Zwiebel und Oliven in Scheiben schneiden. Paprika halbieren und in dünne Streifen schneiden. Basilikum fein zerreißen.

Zwiebel, Oliven, Paprika, Basilikum, Essig und Knoblauch in einer Schüssel mischen, abdecken und beiseitestellen.

Öl und zusätzlichen Knoblauch in einer kleinen Schüssel mischen. Die Focaccia mit einem gezahnten Messer durchschneiden. Beide Hälften mit dem Knoblauchöl bestreichen. Die Oliven-Paprika-Füllung auf der unteren Hälfte der Focaccia verteilen. Mit Käse bestreuen und die obere Hälfte der Focaccia aufsetzen. Auf das Blech legen und 15 Minuten backen, bis der Käse geschmolzen ist. Zum Servieren in kleine Quadrate schneiden.

VORBEREITUNG: 15 MINUTEN BACKZEIT: 15 MINUTEN

HACKFLEISCHKUCHEN

1,2 kg Schweinehackfleisch
100 g Pistazien, geschält und gehackt
2 grüne Äpfel, geschält und fein gehackt
6 Salbeiblätter, fein gehackt
500 g Mehl
150 g Schweineschmalz
2 Eier, verschlagen
1 Eigelb
200 ml Gemüsebrühe
200 ml ungesüßter Apfelsaft
2 TL Gelatinepulver

FÜR 8 PERSONEN

Den Ofen auf 200 °C vorheizen. Schweinefleisch, Pistazien, Äpfel und Salbeiblätter mischen und mit Salz und Pfeffer abschmecken. Abdecken und bis zum Gebrauch kühlen. Klarsichtfolie um eine 6 Zentimeter hohe Backform mit geraden Seiten und 20 Zentimeter Ø wickeln, die Form umdrehen und Boden und Außenseite einfetten.

Mehl und 1 Teelöffel Salz in eine Schüssel sieben und eine Vertiefung in die Mitte drücken. Schmalz mit 210 Milliliter Wasser aufkochen und mit den verschlagenen Eiern zum Mehl geben. Mit einem Holzlöffel verrühren, bis die Zutaten gut zusammenhalten, auf eine Arbeitsfläche geben und zu einem glatten Teig verarbeiten. Mit einem Tuch bedecken und an einem warmen Ort 10 Minuten stehen lassen, bis er gerade kühl genug ist, mit ihm umzugehen.

Von dem lauwarmen Teig ein Drittel beiseitestellen, aber nicht in den Kühlschrank. Den Rest zu einem Kreis ausrollen, der groß genug ist, die Außenseite der Form zu bedecken. Mithilfe eines Nudelholzes vorsichtig hochnehmen und schnell über die Form legen, bevor der Teig zu fest wird. Nun in den Kühlschrank geben, bis er hart geworden ist. Vorsichtig die Form herausziehen und die Folie entfernen. Aus zwei Lagen gefettetem Backpapier eine Papiermanschette formen und um die Außenseite des Teigs wickeln, sodass sie eng anliegt. Mit einer Büroklammer oder Schnur sichern. Die Fleischmischung in die Form geben. Restlichen Teig zu einem Deckel ausrollen, daraufsetzen und mit etwas Wasser festkleben. Die Ränder zusammendrücken. Ein kleines Loch in den Deckel schneiden.

Den Kuchen auf ein Backblech stellen und 40 Minuten backen. Wenn die Oberseite noch sehr hell ist, weitere 10 Minuten backen, dann das Papier entfernen. Eigelb mit etwas Wasser verrühren und den Teig damit bestreichen. Weitere 15 Minuten backen, bis die Seiten gebräunt sind. Aus dem Ofen nehmen und vollständig abkühlen lassen.

Brühe mit der Hälfte des Apfelsafts aufkochen. Die Gelatine über den Rest des Apfelsafts streuen und aufweichen lassen. In die heiße Brühe rühren, bis die Gelatine sich aufgelöst hat. Einen kleinen Trichter in das Loch im Kuchen stecken und etwas Gelatinemischung hineingießen. Setzen lassen und etwas mehr hineingießen, bis der Kuchen voll ist. Den Kuchen nach und nach vollständig füllen, sodass keine Lücken bleiben, wenn die Gelatine fest wird. Über Nacht im Kühlschrank fest werden lassen.

VORBEREITUNG: CA. 50 MINUTEN   GARZEIT: 1 STUNDE 10 MINUTEN

◁ VOLLKORNREISTART MIT FRISCHEN TOMATEN

REISTEIG
200 g Vollkornreis
60 g geriebener Cheddarkäse
1 Ei, leicht verschlagen

FÜLLUNG
6 Romatomaten, halbiert
6 Knoblauchzehen, ungeschält
1 EL Olivenöl
8 Zitronenthymianzweige
50 g Ziegenkäse, zerbröselt
3 Eier, verschlagen
60 ml Milch

FÜR 6 PERSONEN

Reis in viel kochendem Wasser 35 Minuten kochen. Abgießen und beiseitestellen. Den Ofen auf 200 °C vorheizen.

Reis, Käse und Ei in eine Schüssel geben und gut vermischen. Gleichmäßig an Boden und Seiten einer leicht gefetteten Flan- oder Quicheform mit 25 Zentimeter Ø drücken und 15 Minuten backen.

Tomaten mit der Schnittseite nach oben und Knoblauch auf ein antihaftbeschichtetes Blech legen. Mit Öl bestreichen und etwas Pfeffer darüberstreuen. Dann 30 Minuten backen. Aus dem Ofen nehmen und leicht abkühlen lassen. Knoblauch schälen. Die Ofentemperatur auf 180 °C verringern. Tomatenhälften, Knoblauch, Zitronenthymian und Ziegenkäse auf dem Reisboden verteilen.

Eier und Milch verschlagen und über die Tomaten gießen. Eine Sunde backen, bis die Eier gestockt sind.

VORBEREITUNG: 25 MINUTEN   GARZEIT: 2 STUNDEN 20 MINUTEN

SPINATKROKETTEN

285 g Rundkornreis
250 g Feta, zerbröselt
25 g Parmesan, frisch gerieben
2 Eier, verschlagen
1 Knoblauchzehe, zerdrückt
2 TL abgeriebene Zitronenschale
40 g Frühlingszwiebeln, gehackt
250 g TK-Spinat, aufgetaut und überschüssige Flüssigkeit herausgedrückt
1 EL gehackter Dill
200 g Semmelbrösel
2 verschlagene Eier zum Panieren
Öl zum Frittieren
Naturjoghurt zum Servieren

ERGIBT 18 STÜCK

Reis in viel Wasser gerade weich kochen. Abgießen, kalt abspülen und abtropfen lassen. Mit Käse, Eiern, Knoblauch, Zitronenschale, Frühlingszwiebeln, Spinat und Dill mischen. Mit nassen Händen in 18 Portionen zerteilen. Jede zu einer gleichmäßigen Rolle formen. Auf ein Blech legen und 30 Minuten kühlen.

Semmelbrösel auf Backpapier ausbreiten. Die Kroketten in das verschlagene Ei tauchen, in den Semmelbröseln rollen und überschüssige Semmelbröseln abschütteln. Wieder 30 Minuten kühlen.

Eine tiefe schwere Pfanne zu einem Drittel mit Öl füllen und auf 180 °C erhitzen, bis ein Löffel des Teigs in 15 Sekunden darin bräunt. Kroketten portionsweise mit einer Küchenzange oder einem Schaumlöffel in das Öl geben. In 2–3 Minuten goldbraun und gar frittieren. Auf Küchenpapier abtropfen lassen. Mit den restlichen Kroketten ebenso verfahren. Kalt mit Naturjoghurt servieren.

VORBEREITUNG: CA. 50 MINUTEN   GARZEIT: 25 MINUTEN

HOLLÄNDISCHE RINDFLEISCH-REIS-KROKETTEN

BÉCHAMELSAUCE
20 g Butter
30 g Mehl
170 ml Milch
1 Prise frisch geriebener Muskat

10 g Butter
75 g Arborio-Reis
410 ml Hühnerbrühe
2 EL Olivenöl
1 Zwiebel, fein gehackt
2 Knoblauchzehen, zerdrückt
500 g mageres Rinderhackfleisch
100 ml Hühnerbrühe zusätzlich
1 EL Tomatenmark
1 EL Worcestershiresauce
50 g Ingwerkekse, zerdrückt (s. Tipp)
2 EL gehackte glatte Petersilie
75 g Semmelbrösel
Öl zum Frittieren

ERGIBT 12 STÜCK

Für die Béchamelsauce Butter bei mittlerer Hitze schmelzen. Das Mehl einrühren und 1 Minute rühren, bis es schäumt. Vom Herd nehmen und langsam die Milch einrühren, dabei die ganze Zeit rühren. Muskat, etwas Salz und Pfeffer dazugeben, zurück auf den Herd geben und rühren, bis die Sauce kocht und dick wird. Zum Abkühlen beiseitestellen.

Butter in einem Topf erhitzen und den Reis unterrühren. Nach und nach die Brühe einrühren und weiterrühren, bis sie kocht. Die Hitze reduzieren und etwa 20 Minuten köcheln, bis der Reis sehr weich ist und die Brühe vollständig aufgenommen wurde.

Öl in einer großen Pfanne erhitzen und Zwiebel und Knoblauch darin bei geringer Hitze weich dünsten, aber nicht anbräunen lassen. Fleisch dazugeben und 8 Minuten anbraten, bis es gerade bräunt. Die zusätzliche Brühe, Tomatenmark, Worcestershiresauce, zerdrückte Ingwerkekse und Petersilie unterrühren. Abgedeckt 20 Minuten köcheln lassen. Wenn nach dieser Zeit noch Flüssigkeit übrig ist, den Deckel abnehmen und bei großer Hitze einkochen.

Béchamelsauce, Reis und Fleisch mischen und kräftig abschmecken. Leicht abkühlen lassen und 1 Stunde kühlen. Mischung in 12 Portionen teilen und jede zu einer Rolle von etwa 7 Zentimeter Länge und 3 Zentimeter Dicke formen. Die Mischung sollte weich, aber formbar sein. Die Rollen rundum in Semmelbröseln wälzen und nebeneinander auf einen Teller legen. Mit Folie abdecken und über Nacht in den Kühlschrank stellen.

Einen großen Topf zu einem Drittel mit Öl füllen und auf 180 °C erhitzen, bis ein Löffel des Teigs in 15 Sekunden darin bräunt. Jeweils mehrere Kroketten gleichzeitig darin goldbraun frittieren, dabei mit einer Küchenzange umdrehen, damit sie gleichmäßig bräunen. Auf Küchenpapier abtropfen lassen.

VORBEREITUNG: CA. 30 MINUTEN GARZEIT: 1 STUNDE 30 MINUTEN

TIPP: Wenn es keine Ingwerkekse gibt, zerbröseln Sie 50 Gramm Vollkornbutterkekse und mischen die Krümel mit 1/2 Teelöffel gemahlenem Ingwer.

◁ GEBACKENE SPARGELRÖLLCHEN

16 frische grüne Spargelstangen
2 EL fein abgeriebene Zitronenschale
2 große Scheiben TK-Blätterteig, aufgetaut
1 Eigelb
1 EL Sesamsamen

ERGIBT 16 STÜCK

Den Ofen auf 200 °C vorheizen. Spargel in reichlich leicht gesalzenes kochendes Wasser geben. 3 Minuten kochen, abgießen und kalt abschrecken. In 10 Zentimeter lange Stücke schneiden.

In einer flachen Schale ½ Teelöffel Salz, schwarzen Pfeffer und Zitronenschale mischen und die Spargelstangen darin wälzen.

Blätterteig in Rechtecke von 6 x 12 Zentimeter schneiden und auf jedes Stück eine Spargelstange legen. Eigelb mit 2 Teelöffel Wasser verrühren und die Ränder des Teigs damit bestreichen. Wie ein Päckchen einrollen und die Enden verschließen. Mit einer Gabel die Teigränder zusammendrücken.

Röllchen auf leicht gefettete Bleche legen. Mit dem restlichen Ei bestreichen und mit Sesam bestreuen. In 15–20 Minuten goldbraun backen und kalt mit Tzatziki (siehe S. 17) servieren.

VORBEREITUNG: 20 MINUTEN GARZEIT: 25 MINUTEN

GEMÜSEPÄCKCHEN

1 Kartoffel
1 Karotte
1 Pastinake
100 g Kürbis
2 TL Öl
1 Zwiebel, fein gehackt
125 ml Gemüsebrühe
50 g frische oder tiefgekühlte Erbsen
1 EL fein gehackte glatte Petersilie
3 große Scheiben TK-Blätterteig, aufgetaut
1 Ei, leicht verschlagen
Ketchup zum Servieren

ERGIBT 12 STÜCK

Den Ofen auf 210 °C vorheizen. Ein Backblech leicht einfetten. Kartoffel, Karotte, Pastinake und Kürbis schälen und in 1 Zentimeter große Würfel schneiden.

Öl in einer Pfanne erhitzen und die Zwiebel darin bei mittlerer Hitze 2 Minuten weich dünsten. Kartoffel, Karotte, Pastinake, Kürbis und Brühe dazugeben und aufkochen. Die Hitze reduzieren und 10 Minuten köcheln lassen, dabei gelegentlich umrühren, bis das Gemüse weich und die Flüssigkeit verdunstet ist. Erbsen und Petersilie einrühren und abkühlen lassen.

Mithilfe eines Untertellers vier Kreise von 12 Zentimeter Ø aus dem Teig ausschneiden. Einen gestrichenen Esslöffel der Gemüsemischung auf jeden Kreis geben, die Ränder mit Wasser bestreichen und den Teig zusammenfalten, sodass ein Halbmond entsteht. Die Ränder fest zusammendrücken. Mit verschlagenem Ei bestreichen und auf ein Blech legen. Im Ofen 25 Minuten backen, bis der Teig aufgegangen und goldgelb ist. Mit Ketchup servieren.

VORBEREITUNG: 40 MINUTEN GARZEIT: 50 MINUTEN

CHIPOLATA-WÜRSTCHEN MIT MEERRETTICHCREME

2 EL natives Olivenöl
2 rote Zwiebeln, in dünne Spalten geschnitten
2 EL dunkler brauner Zucker
3 TL Balsamicoessig
100 g Frischkäse
1 EL Meerrettichcreme
12 Chipolata-Würstchen
12 Mini-Brötchen zum Aufbacken
100 g Rucolablätter ohne Stiele

ERGIBT 12 STÜCK

Den Ofen auf 220 °C vorheizen. Von dem Olivenöl 1 1/2 Esslöffel in einem kleinen Topf erhitzen. Die Zwiebeln und 1 1/2 Esslöffel Wasser dazugeben, abdecken und bei mittlerer Hitze etwa 10 Minuten dünsten, bis die Zwiebeln weich sind und anfangen zu bräunen. Zucker und Essig einrühren und ohne Deckel 3 Minuten einkochen. Mit Salz und Pfeffer würzen und warm halten.

Frischkäse und Meerrettich in einer kleinen Schüssel glatt rühren.

Das restliche Öl in einer großen Pfanne erhitzen und die Würstchen darin portionsweise bei geringer bis mittlerer Hitze 6–8 Minuten braten, bis sie gebräunt und gar sind. Herausnehmen und auf Küchenpapier abtropfen lassen.

In der Zwischenzeit Brötchen nach Packungsanleitung fertig backen. Noch heiß zu drei Viertel durchschneiden und mit der Meerrettichmischung bestreichen. Mit Rucola, einem Würstchen und Zwiebeln füllen.

VORBEREITUNG: 15 MINUTEN   GARZEIT: 25 MINUTEN

TIPP: Wenn Chipolatas nicht erhältlich sind, kann man andere kleine dünne Würstchen verwenden.

◁ JAKOBSMUSCHELSPIESSE MIT KRÄUTERN

24 gesäuberte Jakobsmuscheln (ohne Rogen)
6 große Frühlingszwiebeln, grüne Teile
2 Zucchini
2 Karotten
20 g Butter, geschmolzen
2 TL Zitronensaft
1 EL trockener Weißwein
2 TL gemischte getrocknete Kräuter
1/2 TL Zwiebelpulver

ERGIBT 24 STÜCK

In kaltem Wasser 24 Holzspieße 30 Minuten einweichen. Jakobsmuscheln waschen und Venen, Membranen und harten weißen Muskel abschneiden, dann mit Küchenpapier trocken tupfen. Frühlingszwiebeln längs halbieren und in 8 cm lange Stücke schneiden. Ein Backblech mit Alufolie auslegen.

Zucchini und Karotten mit einem Sparschäler längs in dünne Scheiben hobeln. In eine Schüssel mit kochendem Wasser geben, 1 Minute stehen lassen und abgießen. Sofort in Eiswasser geben und vollständig abkühlen lassen. Abgießen und mit Küchenpapier trocken tupfen.

Jede Jakobsmuschel in einen Streifen Frühlingszwiebel, Karotte und Zucchini wickeln und auf einen Holzspieß stecken.

Butter, Zitronensaft und Wein verrühren und die Jakobsmuschelspieße damit bestreichen. Kräuter und Zwiebelpulver vermischen und darüberstreuen. Für 5–10 Minuten unter den vorgeheizten Ofengrill geben, bis die Jakobsmuscheln gar und weich sind.

VORBEREITUNG: CA. 1 STUNDE GARZEIT: 10 MINUTEN

TIPP: Die Jakobsmuscheln können einige Stunden im Voraus zubereitet werden. Abgedeckt im Kühlschrank aufbewahren, bis sie benötigt werden.

JAKOBSMUSCHELN MIT PROSCIUTTO

16 gesäuberte Jakobsmuscheln (ohne Rogen)
4 dünne Scheiben Prosciutto

FÜR 4 PERSONEN

In kaltem Wasser 8 Holzspieße 30 Minuten einweichen. Jakobsmuscheln waschen und trocken tupfen.

Prosciutto-Scheiben vierteln, jedes Stück sollte groß genug sein, um eine Muschel darin einzuwickeln. Um die Muscheln wickeln und jeweils zwei Muscheln auf einen Holzspieß stecken. Unter dem vorgeheizten Ofengrill oder auf einer Grillplatte 5 Minuten grillen, dabei mehrmals wenden.

VORBEREITUNG: 10 MINUTEN GARZEIT: 5 MINUTEN

MARINIERTE MEERESFRÜCHTE

500 g rohe Garnelen
500 g Miesmuscheln, geschrubbt und die Bärte entfernt
125 ml Weißweinessig
3 Lorbeerblätter
500 g kleine Tintenfischtuben, in Ringe geschnitten
500 g gesäuberte Jakobsmuscheln (ohne Rogen)
2 Knoblauchzehen, zerdrückt
125 ml extra natives Olivenöl
60 ml Zitronensaft
1 EL Weißweinessig
1 TL Dijonsenf
1 EL glatte Petersilie, gehackt

FÜR 8 PERSONEN

Garnelen schälen, aber die Schwanzenden intakt lassen. Den Darm vorsichtig vom Kopf Richtung Schwanz herausziehen.

Offene Muscheln entfernen. Essig, Lorbeerblätter, 750 Milliliter Wasser und 1/2 Teelöffel Salz in einem großen Topf aufkochen. Tintenfische und Jakobsmuscheln hineingeben, die Hitze reduzieren und 2–3 Minuten köcheln, bis die Meeresfrüchte weiß sind. Tintenfische und Jakobsmuscheln mit einem Schaumlöffel herausheben und in eine Schüssel geben.

Garnelen ebenfalls kurz kochen, bis sie gerade rosa sind, und mit dem Schaumlöffel herausheben. Die Flüssigkeit wieder aufkochen und die Miesmuscheln hineingeben. Abdecken, die Hitze reduzieren und 3 Minuten köcheln, bis die Muscheln sich geöffnet haben. Gelegentlich umrühren und ungeöffnete Muscheln entfernen. Abkühlen lassen, das Muschelfleisch entfernen und in die Schüssel geben.

Knoblauch und Öl mit Zitronensaft, Essig, Senf und Petersilie verschlagen. Über die Meeresfrüchte gießen und gut vermischen. Vor dem Servieren 1–2 Stunden kühlen.

VORBEREITUNG: CA. 40 MINUTEN GARZEIT: 10 MINUTEN

TIPP: Meeresfrüchte dürfen nicht zu lange gekocht werden, sonst werden sie zäh.

◁ KNOBLAUCH-LAMM-SPIESSE

600 g Lammsteaks
1 Knoblauchknolle
1 rote Chili, gehackt
2 Knoblauchzehen, zerdrückt
60 ml Öl

ERGIBT 35 STÜCK

Lammsteaks in 2 Zentimeter große Würfel schneiden und Knoblauchzehen längs halbieren.

Je 2 Lammstücke und 2 Knoblauchscheiben abwechselnd auf 35 kleine Metallspieße stecken.

Chili, zerdrückte Knoblauchzehen und Öl mischen. Eine Grillpfanne erhitzen und leicht mit Öl bestreichen. Spieße portionsweise 2–5 Minuten grillen, dabei gelegentlich mit der Knoblauch-Chili-Marinade bestreichen.

VORBEREITUNG: 15 MINUTEN GARZEIT: 5 MINUTEN

MALAYSISCHE LAMMSATAYS

500 g Lammfilet
1 Zwiebel, grob gehackt
2 Knoblauchzehen, zerdrückt
2 cm Zitronengrasstängel, nur weißer Teil
2 Scheiben frischer Galgant
1 TL gehackter frischer Ingwer
1 TL gemahlener Kreuzkümmel
½ TL gemahlener Fenchel
1 EL gemahlener Koriander
1 TL gemahlene Kurkuma
1 EL weicher brauner Zucker
1 EL Zitronensaft

ERGIBT 8 STÜCK

Fett und Sehnen von den Lammfilets entfernen. Fleisch gegen die Faserrichtung in sehr dünne Streifen schneiden. Wenn man Zeit hat, vorher 30 Minuten ins Gefrierfach legen, dann ist es leichter, dünne Streifen zu schneiden.

In der Küchenmaschine Zwiebel, Knoblauch, Zitronengras, Galgant, Ingwer, Kreuzkümmel, Fenchel, Koriander, Kurkuma, Zucker und Zitronensaft zu einer glatten Paste pürieren. In eine flache, nicht-metallische Schale geben und gut mit dem Fleisch vermischen. Abdecken und über Nacht im Kühlschrank marinieren lassen.

Fleisch auf 8 Metallspieße fädeln und unter dem vorgeheizten Ofengrill jede Seite 3–4 Minuten grillen, bis die Spieße gar sind. Während des Grillens regelmäßig mit der restlichen Marinade bestreichen.

VORBEREITUNG: CA. 30 MINUTEN GARZEIT: 10 MINUTEN

WÜRZIGES BRATHÄHNCHEN

1 ganzes Hähnchen (ca. 1,6 kg)
3 TL gehackte rote Chili
3 Knoblauchzehen
2 TL Pfefferkörner, zerdrückt
2 TL weicher brauner Zucker
2 EL Sojasauce
2 TL gemahlene Kurkuma
1 EL Limettensaft
30 g Butter, gehackt

FÜR 4–6 PERSONEN

Den Ofen auf 180 °C vorheizen. Mit einem großen Hackbeil das Hähnchen entlang des Brustknochens und des Rückgrats halbieren. Die Flügel unter das Hühnchen stecken, um sie vor dem Verbrennen zu schützen. Mit der Hautseite nach oben auf einen Rost über einem Blech legen und 30 Minuten im Ofen braten.

In der Zwischenzeit Chili, Knoblauch, Pfefferkörner und Zucker in der Küchenmaschine oder mit Mörser und Stößel glatt verarbeiten. Sojasauce, Kurkuma und Limettensaft dazugeben und glatt verrühren.

Gewürzmischung auf die Hähnchenteile streichen, mit Butterflocken besetzen und weitere 25–30 Minuten backen, bis es gar und leuchtend rot ist. Bei Zimmertemperatur servieren.

VORBEREITUNG: 20 MINUTEN   GARZEIT: 1 STUNDE

◁ TERIYAKI-STEAK-KEBABS

750 g mageres Rumpsteak
125 ml Sojasauce
125 ml Sherry oder Sake
1 Knoblauchzehe, zerdrückt
1 TL gemahlener Ingwer
1 TL Zucker
Limettenspalten zum Servieren

ERGIBT 24 STÜCK

Steak in dünne, 15 Zentimeter lange Streifen schneiden und auf 24 Holzspieße fädeln.

Sojasauce, Sherry oder Sake, Knoblauch, gemahlenen Ingwer und Zucker mischen.

Steak in eine flache, nicht-metallische Schale geben und mit der Marinade übergießen. Im Kühlschrank mindestens 1 Stunde marinieren, dann abgießen.

Spieße auf der vorgeheizten Grillplatte 3–4 Minuten auf jeder Seite grillen. Mit Limettenspalten servieren.

VORBEREITUNG: CA. 10 MINUTEN GARZEIT: 10 MINUTEN

HÜHNCHENSPIESSE MIT ZITRONENGRAS

1 kg Hühnchenfleisch ohne Haut und Knochen
6 Zitronengrasstängel
12 Frühlingszwiebelknollen
60 ml Sojasauce
60 ml Mirin (süßer japanischer Reiswein)
2 EL Zucker
weißer Teil von 1 Zitronengrasstängel, in dünnen Scheiben
1 rote Chili, entkernt und fein gehackt

ERGIBT 24 STÜCK

Hühnchen in 2 Zentimeter große Würfel schneiden. Blätter von den Zitronengrasstängeln entfernen. Die dickeren Enden der Stängel in 10 Zentimeter lange Stücke schneiden, dann längs vierteln. Frühlingszwiebelknollen vierteln. Einen kleinen Schlitz in die Hühnchenwürfel und die Zwiebelstücke schneiden, um das Auffädeln leichter zu machen. Beides abwechselnd auf die Zitronengrasstängel stecken, sodass auf jedem Stängel jeweils 2 Stücke sind.

Sojasauce, Mirin und Zucker mischen. Grill- oder Bratpfanne erhitzen und die Spieße 3–5 Minuten darin braten. Während des Bratens mit der Sojamischung bestreichen und oft wenden. Zitronengras und Chili zur übrig gebliebenen Sojamischung geben und zum Dippen mit den Spießen servieren.

VORBEREITUNG: 10 MINUTEN GARZEIT: 5 MINUTEN

HÜHNCHENKEULEN MIT RANCHDRESSING

32 kleine Hühnchenunterkeulen
1 EL Knoblauchsalz
1 EL Zwiebelpulver
Öl zum Frittieren
250 ml Ketchup
80 ml Worcestershiresauce
40 g geschmolzene Butter
1 EL Zucker
Tabascosauce nach Geschmack

RANCHDRESSING
250 g Mayonnaise
250 g saure Sahne
80 ml Zitronensaft
20 g Schnittlauch, klein geschnitten

ERGIBT 32 STÜCK

Haut von den Keulen entfernen und mit einem Hackbeil oder großem Messer die Knöchel abschneiden. Gründlich waschen und mit Küchenpapier trocken tupfen. Einen Esslöffel zerdrückten schwarzen Pfeffer, Knoblauchsalz und Zwiebelpulver mischen und die Hühnchenkeulen damit einreiben.

Eine tiefe schwere Pfanne zu einem Drittel mit Öl füllen und auf 180 °C erhitzen oder bis ein Brotwürfel darin in 15 Sekunden bräunt. Die Hühnchen darin portionsweise jeweils 2 Minuten frittieren, mit einer Zange oder einem Schaumlöffel herausnehmen und auf Küchenpapier abtropfen lassen.

Hühnchen in eine große, flache, nicht-metallische Schale geben. Ketchup und Worcestershiresauce, Butter, Zucker und Tabasco mischen, über das Fleisch gießen und gut vermischen. Abgedeckt mehrere Stunden oder über Nacht in den Kühlschrank stellen. Einen Grill 1 Stunde vor dem Garen vorheizen.

Hühnchen auf den leicht geölten heißen Grill oder eine Grillplatte geben und 20–25 Minuten grillen, bis es gar ist. Gelegentlich umdrehen und mit der Marinade bestreichen. Mit Ranchdressing servieren.

Für das Ranchdressing Mayonnaise, saure Sahne, Zitronensaft und Schnittlauch mischen und mit Salz und Pfeffer abschmecken.

VORBEREITUNG: CA. 25 MINUTEN   GARZEIT: 35 MINUTEN

◁ ROSMARIN-THUNFISCH-SPIESSE

3 Tomaten
1 EL Olivenöl
2–3 kleine rote Chilis, entkernt und gehackt
3–4 Knoblauchzehen, zerdrückt
1 rote Zwiebel, fein gehackt
60 ml trockener Weißwein oder Wasser
600 g Kichererbsen aus der Dose, abgespült und abgetropft
3 EL gehackter Oregano
4 EL gehackte glatte Petersilie
Zitronenspalten zum Servieren

THUNFISCHSPIESSE
1 kg Thunfischfilets, in 4 cm große Würfel geschnitten
8 Rosmarinzweige, etwa 20 cm lang, mit Blättern
Olivenöl zum Bestreichen

FÜR 4 PERSONEN

Tomaten halbieren oder vierteln und die Kerne herauslöffeln. Das Fleisch grob hacken.

Öl in einer großen antihaftbeschichteten Pfanne erhitzen. Chili, Knoblauch und rote Zwiebel darin bei mittlerer Hitze 5 Minuten weich dünsten. Gehackte Tomaten und Weißwein oder Wasser dazugeben. Bei geringer Hitze 10 Minuten dünsten, bis die Mischung weich und die Flüssigkeit zum größten Teil verdampft ist.

Kichererbsen, Oregano und Petersilie unterrühren und mit Salz und Pfeffer abschmecken.

Ofengrill oder Grillplatte vorheizen. Thunfisch auf Rosmarinzweige stecken, dünn mit Öl bestreichen und unter Wenden 3 Minuten grillen. Nicht zu lange grillen, sonst wird der Fisch zu trocken und fällt von den Zweigen. Mit Kichererbsen und Zitronenspalten servieren.

VORBEREITUNG: 20 MINUTEN   GARZEIT: 20 MINUTEN

TIPP: Schwertfisch, Marlin oder Lachs sind für dieses Rezept ebenfalls geeignet.

FISCHKEBABS MIT KREUZKÜMMEL

750 g festes, weißes Fischfilet ohne Haut, z. B. Schnapper oder Barsch
2 EL Olivenöl
1 Knoblauchzehe, zerdrückt
3 EL gehacktes Koriandergrün
2 TL gemahlener Kreuzkümmel

FÜR 4 PERSONEN

Fischfilets in 3 Zentimeter große Würfel schneiden. Auf eingeölte Metallspieße stecken und beiseitestellen.

Für die Marinade Öl, Knoblauch, Koriander, Kreuzkümmel und 1 Teelöffel gemahlenen schwarzen Pfeffer mischen. Die Fischspieße mit der Marinade bestreichen, mit Frischhaltefolie abdecken und mehrere Stunden oder über Nacht kühlen, dabei gelegentlich umdrehen. Abgießen und die Marinade aufbewahren. Kurz vor dem Garen salzen.

Spieße auf eine heiße, leicht geölte Grillplatte legen. Jeweils 5–6 Minuten grillen, dabei einmal umdrehen und mehrfach mit der übrigen Marinade bestreichen.

VORBEREITUNG: CA. 10 MINUTEN   GARZEIT: 10 MINUTEN

GEGRILLTE WACHTELN

6 Wachteln
250 ml trockener Rotwein
2 Selleriestangen,
inkl. obere Blätter, gehackt
1 Karotte, gehackt
1 kleine Zwiebel, gehackt
1 Lorbeerblatt, in kleine Stücke zerrissen
1 TL gemahlener Piment
1 TL getrockneter Thymian
2 zerdrückte Knoblauchzehen
2 EL Olivenöl
2 EL Zitronensaft
Zitronenspalten zum Servieren

ERGIBT 24 STÜCKE

Die Wachteln vorbereiten, indem man sie mit einer Geflügelschere beidseitig des Rückgrats durchschneidet, und das Rückgrat herausnehmen. Innereien und Hals entfernen, die Innenseiten waschen und mit Küchenpapier trocken tupfen. Mit der Brust nach oben auf eine Arbeitsfläche legen und flach drücken. Mit der Geflügelschere durch die Brust in zwei Stücke schneiden und diese nochmals halbieren in ein Stück mit Keule und eines mit Brust und Flügel.

In einer nicht-metallischen Schüssel Wein, Sellerie, Karotte, Zwiebel, Lorbeerblatt und Piment mischen. Wachtelstücke dazugeben und gut vermischen, sodass sie gleichmäßig von den Gewürzen überzogen werden. Abdecken und 3 Stunden oder über Nacht kühlen, dabei gelegentlich umrühren. Abgießen und mit Thymian, Salz und Pfeffer bestreuen.

Knoblauch, Öl und Zitronensaft in einer kleinen Schüssel verschlagen.

Eine leicht geölte Grillplatte sehr heiß erhitzen. Die Hitze reduzieren und die Bruststücke 4–5 Minuten auf jeder Seite und die Keulenstücke 3 Minuten auf jeder Seite grillen, bis sie gar und weich sind. Regelmäßig mit der Zitronenmischung bestreichen. Heiß mit Zitronenspalten servieren.

VORBEREITUNG: CA. 40 MINUTEN   GARZEIT: 10 MINUTEN

◁ GARNELENSPIESSE MIT CHILI

30 große rohe Garnelen
60 g Butter
1 Knoblauchzehe, zerdrückt
2 TL weicher brauner Zucker
2 EL Zitronen- oder Limettensaft
2 EL fein gehacktes Koriandergrün
2 EL fein gehackte Basilikumblätter
1 EL süße Chilisauce

ERGIBT 30 STÜCK

Garnelen schälen, die Schwanzenden aber intakt lassen. Den dunklen Darm vorsichtig vom Kopf Richtung Schwanz herausziehen.

Butter in einer großen Pfanne oder einem Wok erhitzen. Knoblauch, Zucker, Saft, Koriander, Basilikum und süße Chilisauce dazugeben und gut vermischen. Die Garnelen portionsweise dazugeben und bei mittlerer Hitze 5 Minuten kochen, bis sie rosa und gar sind.

Jede Garnele auf einen Bambusspieß oder Zahnstocher stecken.

VORBEREITUNG: 25 MINUTEN GARZEIT: 5 MINUTEN

TIPP: Bereiten Sie die Garnelen einige Stunden im Voraus vor und kochen Sie diese erst kurz vor dem Servieren.

Statt Garnelen können auch Jakobsmuscheln oder Austern verwendet werden, oder benutzen Sie jeweils zur Hälfte Garnelen und festen Fisch.

TANDOORI-GARNELEN

1 kg große rohe Garnelen (etwa 24 Stück)
125 g Naturjoghurt
20 g fein gehacktes Koriandergrün
2 EL fein gehackte Minze
1 EL gehackter frischer Ingwer
2 Knoblauchzehen, zerdrückt
1 TL Chilipulver
1 TL gemahlene Kurkuma
1 TL gemahlener Koriander
1 TL Garam Masala (indische Gewürzmischung)
einige Tropfen rote Lebensmittelfarbe (nach Belieben)
2 Zitronen, in Spalten geschnitten, zum Servieren

ERGIBT 24 STÜCK

Garnelen schälen, die Schwanzenden aber intakt lassen. Den dunklen Darm vorsichtig vom Kopf Richtung Schwanz herausziehen. Abspülen und mit Küchenpapier trocken tupfen.

Joghurt mit Koriandergrün, Minze und Salz nach Geschmack mischen. Über die Garnelen gießen, gut vermischen und 5 Minuten stehen lassen.

Ingwer, Knoblauch, Chilipulver, Kurkuma, Koriander, Garam Masala und Lebensmittelfarbe in einer großen Schüssel mischen. Die Garnelen dazugeben und 10 Minuten marinieren.

Jeweils eine Garnele auf einen Metallspieß fädeln und 5 Minuten grillen. Die Spieße einmal umdrehen, damit sie gleichmäßig garen. Sie sind fertig, wenn sie beginnen, sich einzurollen und nicht mehr durchsichtig sind. Auf den Spießen oder lose mit Zitronenspalten servieren.

VORBEREITUNG: CA. 20 MINUTEN GARZEIT: 5 MINUTEN

TANDOORI-FISCHSTEAKS

4 feste weiße Fischsteaks,
z. B. Snapper oder Barsch
60 ml Zitronensaft
1 Zwiebel, fein gehackt
2 Knoblauchzehen, zerdrückt
1 EL frisch geriebener Ingwer
1 rote Chili
1 EL Garam Masala
(indische Gewürzmischung)
1 TL Paprikapulver
500 g griechischer Joghurt,
zzgl. einige EL zum Servieren
einige Tropfen rote Lebensmittelfarbe
(nach Belieben)
junge Spinatblätter zum Servieren
Limettenspalten zum Servieren

FÜR 4 PERSONEN

Fischsteaks mit Küchenpapier trocken tupfen und in einer flachen, nichtmetallischen Schale ausbreiten. Den Zitronensaft darüberträufeln und die Steaks darin wenden.

Zwiebel, Knoblauch, Ingwer, Chili, Garam Masala, Paprikapulver und Salz in der Küchenmaschine glatt pürieren. Mit Joghurt und evtl. Lebensmittelfarbe verrühren. Diese Marinade über den Fisch löffeln und den Fisch darin wenden. Abdecken und über Nacht kühlen.

Eine Grillplatte vorheizen. Steaks aus der Marinade nehmen und überflüssige Marinade abtropfen lassen. Auf der Grillplatte oder unter dem Ofengrill 3–4 Minuten auf jeder Seite grillen, bis der Fisch sich gar anfühlt, wenn man ihn mit einer Gabel auseinanderzieht. Mit mehr Joghurt, jungen Spinatblättern und Limettenspalten servieren.

VORBEREITUNG: CA. 15 MINUTEN GARZEIT: 10 MINUTEN

◁ KNUSPRIG FRITTIERTES HÜHNCHEN

4 Hühnchenkeulen
oder 8 Hühnchenunterkeulen
4 Knoblauchzehen, gehackt
3 Korianderwurzeln, fein gehackt
2 TL gemahlene Kurkuma
1 TL Zucker
2 EL Chilisauce, zzgl. etwas zum Servieren (nach Belieben)
Öl zum Frittieren

FÜR 4 PERSONEN

Die Haut von den Hühnchenteilen entfernen. Fleisch in einem großen Topf mit Wasser bedecken. Abdecken und in 15 Minuten gar köcheln lassen. Abgießen und abkühlen lassen.

Knoblauch, Korianderwurzel, Kurkuma, 1 Teelöffel Pfeffer, 1 Teelöffel Salz, Zucker und Chilisauce mit Mörser und Stößel oder der Küchenmaschine zu einer glatten Masse verarbeiten. Die Hühnchenteile damit einpinseln, abdecken und 30 Minuten kühlen.

Öl in einer Pfanne mit schwerem Boden erhitzen, die Hühnchenteile hineingeben und dunkelbraun frittieren, dabei häufig wenden. Auf Küchenpapier abtropfen lassen. Heiß oder kalt und nach Wunsch mit Chilisauce servieren.

VORBEREITUNG: CA. 20 MINUTEN   GARZEIT: 30 MINUTEN

HÜHNCHEN MIT TAMARINDE

4 Hühnerkeulen, in Ober- und Unterschenkel zerteilt und die Oberschenkel entbeint
80 ml Tamarindenpaste
2 TL gemahlener Koriander
1 TL gemahlene Kurkuma
2 Knoblauchzehen, zerdrückt
2 EL Erdnussöl
2 rote Chilis, fein gehackt
6 Frühlingszwiebeln, fein gehackt
Öl zum Frittieren

FÜR 4 PERSONEN

Die Haut von den Hühnchenteilen entfernen. Fleisch in einem großen Topf mit Wasser bedecken. Abdecken und in 15 Minuten gar köcheln lassen. Abgießen und abkühlen lassen.

Tamarindenpaste, Koriander, Kurkuma und Knoblauch mischen. Gut mit den Hühnchenteilen vermischen. Abdecken und im Kühlschrank mindestens 2 Stunden oder besser über Nacht marinieren lassen.

Erdnussöl in einer Pfanne erhitzen und Chilis und Frühlingszwiebeln darin bei geringer Hitze 3 Minuten unter Rühren anbraten. Beiseitestellen.

Frittieröl in einer großen tiefen Pfanne erhitzen. Hühnchen in drei Portionen in je 5 Minuten goldbraun frittieren. Auf Küchenpapier abtropfen und warm halten, bis der Rest fertig ist. Hühnchenstücke mit einem Löffel der Chilimischung servieren.

VORBEREITUNG: CA. 15 MINUTEN   GARZEIT: 35 MINUTEN

ASIATISCHE GEGRILLTE GARNELEN

500 g große rohe Garnelen
Limettenspalten zum Servieren

MARINADE
2 EL Zitronensaft
2 EL Sesamöl
2 Knoblauchzehen, zerdrückt
2 TL frisch geriebenen Ingwer

FÜR 4 PERSONEN

Garnelen schälen, dabei die Schwanzenden intakt lassen. Die schwarzen Därme vorsichtig vom Kopf Richtung Schwanzende herausziehen.

Zitronensaft, Sesamöl, Knoblauch und Ingwer mischen. Die Garnelen vorsichtig unterrühren, abdecken und mindestens 3 Stunden kühlen.

Garnelen auf einer heißen, leicht geölten Grillplatte 3–5 Minuten grillen, bis sie rosa und gar sind. Während des Grillens mehrmals mit Marinade bestreichen. Sofort mit Limettenspalten servieren.

VORBEREITUNG: CA. 10 MINUTEN GARZEIT: 5 MINUTEN

TIPPS: Alternativ können die Garnelen auch auf Bambusspieße gesteckt werden. Dazu die Spieße etwa 30 Minuten in kaltem Wasser einweichen, bis sie untergehen. Dies verhindert, dass sie verbrennen. Nach dem Marinieren gleichmäßig auffädeln, wie beschrieben grillen und gelegentlich mit Marinade bestreichen.

Die Knoblauchmenge kann nach Geschmack angepasst werden. Für einen intensiveren Geschmack den Knoblauch verdoppeln und dafür den Ingwer weglassen. Für scharfe Garnelen den Knoblauch durch zwei frische, fein gehackte Chilis ersetzen.

Die Hälfte der Garnelen kann außerdem durch Jakobsmuscheln ersetzt werden.

SÜSSES UND GETRÄNKE

◁ LOKUM („TÜRKISCHER HONIG")

880 g Zucker
125 g Stärke
1 TL Weinstein
2 EL Rosenwasser
rote Lebensmittelfarbe
40 g Puderzucker

ERGIBT 25 STÜCK

In einem großen schweren Topf 625 Milliliter Wasser aufkochen. Den Zucker unterrühren, bis er sich aufgelöst hat, dann den Topf vom Herd nehmen.

In einer großen Schüssel Stärke und Weinstein mit 250 Milliliter kaltem Wasser verrühren. Die Stärkemischung nach und nach unter den Zuckersirup rühren, wieder auf den Herd stellen und bei mittlerer Hitze rühren, bis es kocht.

Die Hitze reduzieren und sehr langsam 45 Minuten köcheln lassen, dabei oft umrühren. Während dieser Zeit ändert sich das Aussehen von milchig zu klar und golden und die Mischung dickt ein.

Rosenwasser und einige Tropfen Lebensmittelfarbe unterrühren. In eine leicht geölte Backform von 20 x 30 Zentimeter gießen und fest werden lassen. Sobald es kalt und fest ist, in 2 Zentimeter große Würfel schneiden und in Puderzucker wälzen.

VORBEREITUNG: 10 MINUTEN GARZEIT: 1 STUNDE

DATTELKONFEKT

150 g geschälte Walnüsse
2 EL Sesamsamen
100 g Ghee (oder Butterschmalz)
600 g entsteinte getrocknete Datteln, grob gehackt

FÜR 6–8 PERSONEN

Den Ofen auf 180 °C vorheizen und den Boden und zwei gegenüberliegende Seiten einer quadratischen Backform mit 18 Zentimeter Seitenlänge mit Backpapier auslegen. Walnüsse auf ein Backblech geben, 5 Minuten rösten und grob hacken. Sesam in den Ofen geben und golden rösten.

Ghee in einem großen schweren Topf schmelzen und die Datteln darin abgedeckt bei geringer Hitze 10 Minuten weich kochen, dabei häufig umrühren. Einen Löffel in kaltes Wasser tauchen und die Hälfte der Datteln mit der Löffelrückseite in der Backform verstreichen. Die Walnüsse darüberstreuen und andrücken, dann die restliche Dattelmischung darauf verteilen. Mit nassen Fingern glatt streichen und festdrücken. Sesam daraufstreuen und leicht festdrücken. Wenn das Konfekt abgekühlt ist, in kleine Rauten schneiden.

VORBEREITUNG: CA. 10 MINUTEN GARZEIT: 20 MINUTEN

WEISSER NUGAT

440 g Zucker
250 ml flüssige Glukose
175 g Honig
2 Eiweiß
1 TL natürliche Vanilleessenz
125 g weiche Butter
60 g ungeschälte, geröstete Mandeln
100 g kandierte Kirschen

ERGIBT 1 KG

Eine Auflauf- oder Backform von 18 x 28 Zentimeter einfetten und mit Backpapier auslegen. Zucker, Glukose, Honig, 60 Milliliter Wasser und 1/4 Teelöffel Salz in einen Topf mit schwerem Boden geben und bei geringer Hitze rühren, bis der Zucker sich aufgelöst hat. Aufkochen und 8 Minuten wallend kochen, bis die Mischung 122 °C heiß ist. Die genaue Temperatur ist wichtig, da der Nugat sonst evtl. nicht fest wird.

Eiweiße in einer Schüssel steif schlagen. Langsam ein Viertel der Zuckermischung in dünnem Strahl in den Eischnee gießen und 5 Minuten mit dem elektrischen Rührer weiterrühren, bis die Mischung ihre Form hält. Restlichen Sirup zurück auf den Herd geben und 2 Minuten kochen (Vorsicht: Er verbrennt leicht), bis eine kleine Menge, die man in kaltes Wasser gibt, brüchige Fäden bildet, oder bis 157 °C auf dem Zuckerthermometer erreicht sind. Bei laufendem Rührgerät langsam in die Baisermischung gießen und weiterrühren, bis die Mischung sehr dick ist.

Vanille und Butter dazugeben und weitere 5 Minuten rühren. Mandeln und Kirschen mit einem Metalllöffel unterrühren. Mischung in die Form geben und mit einer Palette glatt streichen. Mindestens 4 Stunden kühlen, bis die Mischung fest ist. Auf ein großes Schneidbrett stürzen und in 2 x 4 Zentimeter große Stücke schneiden. Jedes Stück einzeln in Cellophan wickeln und im Kühlschrank aufbewahren.

VORBEREITUNG: CA. 30 MINUTEN   GARZEIT: 15 MINUTEN

◁ ERDBEEREN IN SCHOKOLADE

250 g Erdbeeren
150 g dunkle Schokolade
100 g weiße Schokolade

FÜR 8–10 PERSONEN

Erdbeeren vorsichtig mit einem trockenen Pinsel abbürsten, um Dreck zu entfernen. Die dunkle Schokolade in einer kleinen Schüssel über einem Wasserbad schmelzen, die Schüssel sollte dabei das kochende Wasser nicht berühren. Die Erdbeeren zur Hälfte in die dunkle Schokolade tauchen. Auf ein mit Backpapier ausgelegtes Blech legen und fest werden lassen.

Sobald die dunkle Schokolade fest ist, die weiße Schokolade auf dieselbe Weise schmelzen. Die Spitzen der Erdbeeren in die weiße Schokolade tauchen und auf dem Backpapier fest werden lassen.

VORBEREITUNG: CA. 10 MINUTEN   KOCHZEIT: 5 MINUTEN

WALNUSSPRALINEN

100 g gehackte Walnüsse
60 g Puderzucker
2 TL Eiweiß
200 g dunkle Schokolade
30 Walnusshälften

ERGIBT 30 STÜCK

Walnussstücke in der Küchenmaschine fein hacken. Puderzucker dazusieben und mit Nüssen und Eiweiß zu einer feuchten Paste pürieren. Abdecken und 20 Minuten kühlen.

Die Walnusspaste teelöffelweise zu 30 Kugeln rollen und leicht flach drücken. Schokolade in eine hitzefeste Schüssel geben. Einen Topf Wasser aufkochen und vom Herd nehmen. Die Schüssel auf den Topf stellen, ihr Boden darf das Wasser aber nicht berühren. Gelegentlich rühren, bis die Schokolade geschmolzen ist.

Die Walnusskreise in die Schokolade tauchen und auf Backpapier oder Alufolie setzen. Auf jede Praline eine Walnusshälfte setzen und fest werden lassen.

VORBEREITUNG: CA. 30 MINUTEN   KOCHZEIT: 5 MINUTEN

TIPP: Die Pralinen sind 4 Tage haltbar.

KAROTTENKUCHEN MIT SCHOKOLADE

125 g Mehl
1 TL Backpulver
1 TL gemahlener Zimt
170 g Zucker
80 g Karotte, fein geraspelt
185 g gemischte getrocknete Früchte
90 g Schokolade, gehackt
30 g Kokosraspel
2 Eier, verschlagen
90 g Butter, geschmolzen

FRISCHKÄSEBELAG
125 g Frischkäse
30 g Butter
185 g Puderzucker, gesiebt
40 g Walnüsse, gehackt

ERGIBT 32 STÜCK

Den Ofen auf 180 °C vorheizen. Eine flache quadratische Backform mit 23 Zentimeter Seitenlänge leicht einfetten und Boden und Seiten mit Backpapier auslegen.

Mehl, Backpulver und Zimt in eine große Schüssel sieben. Zucker, geraspelte Karotte, gemischte Früchte, gehackte Schokolade und Kokosraspeln unterrühren, bis sich alles gerade verbunden hat. Eier und Butter kurz unterrühren.

Den Teig in der Form verteilen und glatt streichen. In 30 Minuten goldgelb backen. In der Form abkühlen lassen, dann auf ein Schneidbrett stürzen.

Für den Frischkäsebelag mit dem elektrischen Rührgerät Frischkäse und Butter glatt schlagen. Den Puderzucker dazugeben und 2 Minuten rühren, bis die Mischung leicht und luftig ist. Einen Teelöffel Wasser dazugeben und unterrühren.

Belag mit einem großen glatten Messer auf dem Kuchen verstreichen und die Walnüsse daraufstreuen. In 16 Quadrate schneiden und jedes Quadrat in zwei Dreiecke teilen.

VORBEREITUNG: 20 MINUTEN   BACKZEIT: 30 MINUTEN

TIPP: Dieser Kuchen kann bis zu 2 Monate tiefgekühlt werden. Der Belag kann nach Wunsch auch mit geraspelter Schokolade bestreut werden.

◁ KLEINE KARAMELLÄPFEL

2 große Äpfel
200 g Zucker

ERGIBT 6–8 STÜCK

Äpfel schälen und mit einem Melonenbällchenausstecher kleine Kugeln ausstechen oder die Äpfel in Würfel schneiden. Einen Zahnstocher in jede Kugel oder jeden Würfel stechen.

Zucker in einer gleichmäßigen Schicht in einen Topf streuen und bei geringer Hitze schmelzen. Dabei den Topf langsam von einer zur anderen Seite schwenken, damit der Zucker gleichmäßig schmilzt. Den Topf weiter bewegen, damit nicht eine Seite beginnt Farbe anzunehmen, bevor die andere geschmolzen ist. Wenn der Karamell anfängt Farbe anzunehmen, weiterschwenken, bis eine gleichmäßige Farbe erreicht ist, dann vom Herd nehmen und den Topf in kaltes Wasser stellen, um den Kochprozess zu stoppen. Vorsichtig wieder aufwärmen, bis der Karamell flüssig ist.

Die Apfelstücke in Karamell wenden, bis sie rundum überzogen sind. Auf einem Stück Backpapier aufrecht stehend trocknen lassen. Wenn nötig zwischendurch den Karamell wieder erwärmen.

VORBEREITUNG: 10 MINUTEN GARZEIT: 10 MINUTEN

HIMBEERKEKSE

80 g weiche Butter
80 g Zucker
2 EL Milch
1/2 TL natürliche Vanilleessenz
125 g Mehl
1 TL Backpulver
40 g Puddingpulver (Sahne- oder Vanillegeschmack)
100 g Himbeerkonfitüre

ERGIBT 32 STÜCK

Den Ofen auf 180 °C vorheizen. Zwei Backbleche mit Backpapier auslegen.

Butter und Zucker mit dem elektrischen Rührgerät schaumig schlagen. Milch und Vanille gut unterrühren. Mehl, Backpulver und Puddingpulver hineinsieben und zu einem weichen Teig verrühren. Gehäufte Teelöffel der Mischung zu Kugeln formen und auf die Bleche legen.

Mit dem Stiel eines Holzlöffels in jede Kugel ein Loch drücken. In jedes Loch etwas Konfitüre füllen. 15 Minuten backen, leicht auf den Blechen abkühlen lassen, dann auf einem Rost vollständig kalt werden lassen.

VORBEREITUNG: 20 MINUTEN BACKZEIT: 15 MINUTEN

APFEL-STREUSEL-KUCHEN MIT RAHMGUSS

155 g Mehl
1 EL Zucker
80 g Butter, geschmolzen und abgekühlt
1 Eigelb

APFEL-RAHMGUSS-BELAG
3 grüne Äpfel
20 g Butter
80 g Zucker
2 Eier
185 ml Sahne
1 TL natürliche Vanilleessenz

STREUSEL
60 g Mehl
2 EL dunkler brauner Zucker
40 g fein gehackte Walnüsse
60 g Butter, gewürfelt

ERGIBT 16 STÜCKE

Eine flache Backform von 18 x 28 Zentimeter einfetten und mit Backpapier auslegen, sodass das Papier an den langen Seiten überhängt.

Mehl und Zucker in eine Schüssel sieben. Butter, Eigelb und 2–3 Esslöffel Wasser unterrühren und zu einer Kugel formen. Den Teig zwischen zwei Lagen Backpapier ausrollen, in die Form legen und 20 Minuten kühlen. Den Ofen auf 190 °C vorheizen.

Backpapier auf den Teig legen, mit getrockneten Bohnen oder Erbsen füllen und 15 Minuten blind backen. Papier und Gewichte entfernen, die Temperatur auf 180 °C reduzieren und den Teig 5 Minuten Farbe annehmen lassen. Herausnehmen und abkühlen lassen.

Äpfel schälen, entkernen und hacken und mit Butter, der Hälfte des Zuckers und 2 Esslöffel Wasser in einen Topf geben. Abdecken und bei geringer Hitze in 15 Minuten weich kochen. Den Deckel abnehmen und weitere 5 Minuten köcheln lassen, damit die Flüssigkeit einkocht. Die Apfelstücke mit einem Holzlöffel zerdrücken, bis die Masse fast glatt ist. Abkühlen lassen.

Eier, Sahne, restlichen Zucker und Vanilleessenz verschlagen. Die abgekühlte Apfelmasse auf dem Teig verstreichen, dann vorsichtig die Sahnemischung darübergießen. 20 Minuten backen, bis der Guss langsam zu stocken beginnt.

Für die Streusel Mehl, Zucker, Walnüsse und Butter miteinander vermischen, bis die Mischung Streuselkonsistenz hat. Über den Kuchen streuen und weitere 15 Minuten backen. In der Form abkühlen lassen, dann in 16 Stücke schneiden. Diese halten sich im Kühlschrank eine Woche.

VORBEREITUNG: CA. 30 MINUTEN   BACKZEIT: 1 STUNDE 15 MINUTEN

◁ BEEREN-MANDEL-KUCHEN

1 große Scheibe TK-Blätterteig, aufgetaut
150 g Butter
170 g Zucker
3 Eier, verschlagen
2 EL abgeriebene Zitronenschale
125 g gemahlene Mandeln
2 EL Mehl
150 g Himbeeren
150 g Brombeeren
Puderzucker zum Bestäuben

ERGIBT 15 STÜCKE

Den Ofen auf 200 °C vorheizen. Eine flache quadratische Backform mit 23 Zentimeter Seitenlänge mit Backpapier auslegen, sodass das Papier an zwei gegenüberliegenden Seiten überhängt.

Blätterteig auf ein mit Backpapier ausgelegtes Blech legen, mehrfach mit einer Gabel einstechen und in 15 Minuten goldgelb backen. Vorsichtig in die Form legen, wenn nötig die Ränder beschneiden. Die Ofentemperatur auf 180 °C reduzieren.

Butter und Zucker mit einem Rührgerät schaumig schlagen. Die Eier nacheinander dazugeben, nach jeder Zugabe gut rühren. Zitronenschale unterrühren, dann Mandeln und Mehl unterheben und die Mischung auf dem Blätterteig verstreichen.

Die Früchte daraufstreuen und 1 Stunde backen, bis die Oberfläche Farbe annimmt. In der Form abkühlen lassen und herausheben. In Stücke schneiden und mit Puderzucker bestäubt servieren.

VORBEREITUNG: 25 MINUTEN BACKZEIT: 1 STUNDE 15 MINUTEN

SCHOKO-PEKAN-KEKSE

180 g weiche Butter
140 g weicher brauner Zucker
110 g Zucker
2 Eier, verschlagen
1 TL natürliche Vanilleessenz
310 g Mehl
1 TL Natron
350 g dunkle Schokoladentropfen (oder gehackte Schokolade)
100 g Pekannüsse, grob gehackt

ERGIBT 40 STÜCK

Den Ofen auf 190 °C vorheizen. Zwei Backbleche mit Backpapier auslegen.

Butter und Zucker mit dem Rührgerät schaumig schlagen. Die Eier nacheinander dazugeben und nach jeder Zugabe gut rühren. Vanille unterrühren, dann das gesiebte Mehl und Natron dazugeben und nur kurz untermischen. Schokoladentropfen und Nüsse unterheben.

Den Teig esslöffelweise auf die Bleche geben, dabei Platz lassen, da die Kekse auseinander laufen. 8–10 Minuten backen, bis sie leicht Farbe annehmen. Kurz abkühlen lassen, dann auf einen Rost geben. Sobald sie abgekühlt sind, in einem luftdichten Behälter aufbewahren.

VORBEREITUNG: 20 MINUTEN BACKZEIT: 20 MINUTEN

TIPP: Die Pekannüsse können durch andere Nüsse wie Walnüsse, Haselnüsse oder Mandeln ersetzt werden.

PFEFFERKUCHENMÄNNER

125 g weiche Butter
60 g weicher brauner Zucker
90 g Rohrzucker- oder Ahornsirup
1 Ei, leicht verschlagen
280 g Mehl
1/2 TL Backpulver
1 EL gemahlener Ingwer
1 TL Natron
1 EL Rosinen

GUSS
1 Eiweiß
1/2 TL Zitronensaft
155 g Puderzucker, gesiebt
verschiedene Lebensmittelfarben

ERGIBT 16 STÜCK

Den Ofen auf 180 °C vorheizen. Zwei Backbleche mit Backpapier auslegen.

Butter, Zucker und Sirup mit dem elektrischen Rührgerät schaumig schlagen. Die Eier nacheinander dazugeben und nach jeder Zugabe gut rühren. In eine große Schüssel geben. Die trockenen Zutaten hineinsieben und mit einem Messer gerade vermischen. Den Teig mit gut bemehlten Händen zusammenfassen, auf eine bemehlte Arbeitsfläche geben und in 1–2 Minuten gerade glatt kneten. Zwischen zwei Lagen Backpapier auf einem Schneidbrett 5 Millimeter dick ausrollen. Mit dem Brett in den Kühlschrank geben und in 15 Minuten fest werden lassen.

Mit einem 13 Zentimeter großen Ausstecher Pfefferkuchenmänner ausstechen. Den restlichen Teig zusammenfassen, wieder ausrollen und weitere Männer ausstechen. Auf die Bleche legen und mit Rosinen als Augen und Nasen dekorieren. In 10 Minuten goldbraun backen. Vollständig auf den Blechen abkühlen lassen.

Für den Guss Eiweiß mit dem Handrührgerät schaumig schlagen. Nach und nach Zitronensaft und Puderzucker dazugeben und dick und cremig schlagen. Den Guss auf mehrere kleine Schüsseln verteilen. Mit Lebensmittelfarbe unterschiedlich einfärben und in kleine Papierspritztüten füllen. Die offenen Enden verschließen, Spitzen abschneiden und Gesichter und Kleider auf die Pfefferkuchenmänner spritzen.

VORBEREITUNG: CA. 40 MINUTEN   BACKZEIT: 10 MINUTEN

TIPP: Sobald der Guss trocken ist, Kekse in einem luftdichten Behälter an einem trockenen, kühlen Ort bis zu 3 Tage aufbewahren.

◁ KLEINE ZITRONENTARTS

250 g Mehl
125 g Butter, gehackt
2 TL feiner Zucker
1 TL abgeriebene Zitronenschale
1 Eigelb

FÜLLUNG
125 g Frischkäse, weich gerührt
115 g Zucker
2 Eigelb
2 EL Zitronensaft
160 g gesüßte Kondensmilch
Streifen kandierter Zitronenschale zum Garnieren

ERGIBT 24 STÜCK

Den Ofen auf 180 °C vorheizen. Zwei Mini-Muffinformen mit je 12 Vertiefungen mit Öl einfetten. Mehl und Salz in eine Schüssel sieben und die Butter mit den Fingerspitzen einreiben. Zucker, Zitronenschale, Eigelb und 2–3 Esslöffel Eiswasser mit einem Messer untermischen. Auf einer leicht bemehlten Oberfläche kurz verkneten. In Frischhaltefolie wickeln und 10 Minuten kühlen.

Für die Füllung Frischkäse, Zucker und Eigelbe mit dem Handrührgerät glatt und dick schlagen. Zitronensaft und Kondensmilch gut unterrühren.

Den Teig zwischen zwei Lagen Backpapier 3 Millimeter dick ausrollen. Mit einem geriffelten Ausstecher Kreise mit 7 Zentimeter Ø ausstechen. Vorsichtig in die Muffinformen drücken. Jeweils dreimal mit einer Gabel einstechen. 10 Minuten backen, bis sie gerade Farbe annehmen. Aus dem Ofen nehmen und je 2 Teelöffel Füllung auf jeden Boden geben. Nochmals 5 Minuten backen, bis die Füllung gestockt ist. Leicht abkühlen lassen, bevor man die Tarts aus den Formen nimmt. Nach Wunsch mit Streifen von kandierter Zitronenschale garnieren.

VORBEREITUNG: CA. 40 MINUTEN   BACKZEIT: 15 MINUTEN

SCHNELLE SCHOKO-FUDGE-COOKIES

150 g Mehl
1 TL Backpulver
125 g gehackte Walnüsse
90 g Schokoladentropfen oder gehackte Schokolade
125 g Butter, geschmolzen
200 g dunkle Schokolade, geschmolzen
2 EL Rohrzuckersirup oder Honig
2 Eier, verschlagen

ERGIBT ETWA 30 STÜCK

Den Ofen auf 180 °C vorheizen. Mehl und Backpulver in eine große Schüssel sieben. Walnüsse und Schokoladentropfen unterrühren.

Eine Vertiefung in die trockenen Zutaten drücken. Butter, dunkle Schokolade, Sirup oder Honig und Eier hineingeben und rühren, bis sich alles verbunden hat.

Gestrichene Esslöffel des Teigs auf ein leicht gefettetes Backblech geben. Zwischen den Cookies jeweils etwa 4 Zentimeter Platz lassen. 12 Minuten backen, dann zum Abkühlen auf einen Rost geben.

VORBEREITUNG: 20 MINUTEN   BACKZEIT: 15 MINUTEN

PETITS FOURS

2 Eier
55 g Zucker
85 g Mehl
30 g Butter, geschmolzen

BELAG
315 g Aprikosenkonfitüre, erwärmt und gesiebt
2 TL Likör
200 g Marzipan
400 g fertiger weicher Fondant, in Stücke geschnitten
kleine bunte Zuckerblumen zum Verzieren (nach Belieben)

ERGIBT 32 STÜCK

Den Ofen auf 180 °C vorheizen. Zwei Kastenformen von 4,5 x 8 x 26 Zentimeter leicht einfetten. Boden und Seiten mit Backpapier auslegen.

Eier und Zucker mit dem Handrührgerät in 5 Minuten sehr dick und hell schlagen. Gesiebtes Mehl und geschmolzene Butter schnell mit einem Metalllöffel unterheben. Auf die Formen verteilen und 15 Minuten backen, bis sie sich leicht goldgelb verfärben und sich elastisch anfühlen. Etwa 3 Minuten in der Form lassen, dann zum Abkühlen auf einen Rost stürzen.

Mit einem Ausstecher Kreise von 3 Zentimeter Ø ausstechen. Konfitüre und Likör verrühren und Oberseite und Seiten der Biskuitkreise damit bestreichen. Marzipan 2 Millimeter dick ausrollen und Kreise und Streifen daraus ausschneiden, sodass man Ober- und Außenseiten der Küchlein damit bedecken kann.

Fondantmasse und 2 Esslöffel Wasser in einer hitzefesten Schüssel über einem Wasserbad rühren, bis es geschmolzen und die Mischung glatt ist. Leicht abkühlen lassen.

Die mit Marzipan überzogenen Küchlein auf einen Rost legen und über ein Blech stellen. Den Guss darüberlöffeln und mit einem glatten Messer gleichmäßig über Oberfläche und Seiten streichen. Guss leicht erwärmen, wenn er zu dickflüssig wird. Fest werden lassen. Vorsichtig vom Rost nehmen und in ein Pralinenförmchen setzen. Nach Wunsch mit farbigen Zuckerblumen verzieren.

VORBEREITUNG: 45 MINUTEN   GARZEIT: 20 MINUTEN

TIPPS: Schöne Zuckerblumen aus Fondant gibt es in einigen Supermärkten und Delikatessenläden.

Petits fours halten sich 2 Tage in einem luftdichten Behälter an einem kühlen, dunklen Ort. Dabei aber nicht stapeln.

◁ KOKOS-GRIESS-SCHNITTEN

50 g Sesam
125 g feiner Grieß
230 g Zucker
750 ml Kokosmilch
2 EL Ghee oder Öl
2 Eier, getrennt
1/4 TL gemahlener Kardamom
frisches Obst zum Servieren (nach Belieben)

FÜR 8–10 PERSONEN

Den Ofen auf 160 °C vorheizen. Eine flache Form von 18 x 28 Zentimeter einfetten.

Sesam in einer trockenen Pfanne bei mittlerer Hitze 3–4 Minuten anrösten, dabei die Pfanne regelmäßig schwenken, bis er goldbraun ist. Sofort aus der Pfanne nehmen, damit er nicht verbrennt.

Grieß, Zucker und Kokosmilch in einen großen Topf geben und bei mittlerer Hitze 5 Minuten rühren, bis die Mischung zu kochen beginnt. Ghee oder Öl dazugeben und weiterrühren, bis die Mischung sich von den Topfseiten löst. Zum Abkühlen beiseitestellen.

Eiweiße steif schlagen. Eischnee, Eigelbe und Kardamom unter die abgekühlte Grießmischung heben. In die Form löffeln und mit Sesam bestreuen. In 45 Minuten goldbraun backen. In Rauten schneiden und nach Wunsch mit frischen Früchten servieren.

VORBEREITUNG: 20 MINUTEN GARZEIT: 1 STUNDE

MACADAMIABLONDIES

100 g Butter, gehackt
100 g weiße Schokolade, gehackt
115 g Zucker
2 Eier, verschlagen
1 TL natürliche Vanilleessenz
125 g Mehl
1 1/2 TL Backpulver
80 g Macadamianüsse, grob gehackt
Weiße Schokolade, geschmolzen zum Verzieren (nach Belieben)

ERGIBT 25 STÜCKE

Den Ofen auf 180 °C vorheizen. Eine quadratische Backform mit 20 Zentimeter Seitenlänge einfetten und mit Backpapier auslegen, dabei an zwei gegenüberliegenden Seiten das Papier überhängen lassen.

Butter und weiße Schokolade in eine hitzefeste Schüssel geben. Einen Topf zur Hälfte mit kochendem Wasser füllen, vom Herd nehmen und die Schüssel darüberstellen. Sie darf das Wasser nicht berühren. Gelegentlich rühren, bis beides geschmolzen ist und die Mischung sich verbunden hat.

Zucker und Eier dazugeben und verrühren. Vanille unterrühren, Mehl, Backpulver und Macadamias unterheben und in die Form gießen. Etwa 35–40 Minuten backen. Wenn die Oberfläche zu schnell bräunt, mit Alufolie abdecken. In der Form abkühlen lassen, dann mit dem überhängenden Backpapier als Griffen herausheben und in Quadrate schneiden. Mit geschmolzener weißer Schokolade beträufeln.

VORBEREITUNG: 20 MINUTEN GARZEIT: 45 MINUTEN

MANDELFRIANDS

160 g Butter
90 g Mandelblättchen
40 g Mehl
165 g Puderzucker
5 Eiweiß
Puderzucker zum Bestäuben

ERGIBT 10 STÜCK

Den Ofen auf 210 °C vorheizen. Zehn kleine Friand-Förmchen à 125 Milliliter Inhalt einfetten (ersatzweise eine Muffinform verwenden).

Butter in einem kleinen Topf bei mittlerer Hitze schmelzen und 3–4 Minuten kochen, bis sie sich tief goldbraun verfärbt. Durch ein feines Sieb gießen, um Rückstände zu entfernen (die Farbe wird mit der Zeit noch intensiver). Vom Herd nehmen und abkühlen lassen, bis sie nur noch lauwarm ist.

Mandeln in der Küchenmaschine fein mahlen. In eine Schüssel geben und Mehl und Puderzucker dazusieben.

Eiweiße in einer separaten Schüssel leicht verschlagen. Butter und Eiweiße zur Mehlmischung geben. Mit einem Metalllöffel vorsichtig verrühren, bis die Zutaten sich gerade verbunden haben.

Etwas Teig in jedes Förmchen geben, sodass sie zu drei Vierteln gefüllt sind. Förmchen auf ein Backblech stellen und in der Mitte des Ofens 10 Minuten backen. Die Temperatur auf 180 °C verringern und weitere 5 Minuten backen, bis ein hineingestochener Spieß sauber herauskommt. Aus dem Ofen nehmen und 5 Minuten in den Formen abkühlen lassen, bevor man sie herausnimmt und auf einem Rost vollständig abkühlen lässt. Vor dem Servieren mit Puderzucker bestäuben.

VORBEREITUNG: 10 MINUTEN GARZEIT: 20 MINUTEN

TIPPS: In einem luftdichten Behälter hält sich dieses Mandelgebäck 3 Tage.

Für Beerenfriands den gleichen Teig zubereiten und einige frische oder tiefgekühlte Himbeeren oder Heidelbeeren auf jedes Förmchen legen, bevor man sie in den Ofen schiebt.

Für Zitronenfriands 2 Teelöffel abgeriebene Zitronenschale zur Mehl-Zucker-Mischung geben und wie oben beschrieben fortfahren.

◁ KOKOSMAKRONEN

3 Eiweiß
310 g Zucker
1 TL abgeriebene Zitronenschale
½ TL Kokosessenz
2 EL Stärke
270 g Kokosraspel

ERGIBT 60 STÜCK

Den Ofen auf 160 °C vorheizen. Zwei Bleche mit Backpapier auslegen.

Eiweiße in einer sauberen Schüssel mit dem Handrührgerät steif schlagen. Nach und nach den Zucker einrieseln lassen und weiterrühren, bis die Mischung dick und glänzend ist und der Zucker sich aufgelöst hat. Zitronenschale und Kokosessenz dazugeben und kurz unterrühren. Stärke und Kokosraspel hineingeben und vorsichtig mit einem Metalllöffel unterrühren.

Gehäufte Teelöffel mit etwa 3 Zentimeter Abstand auf die Bleche geben und 15–20 Minuten backen, bis sie sich goldgelb verfärben. Auf einem Rost abkühlen lassen. Mit der restlichen Mischung wiederholen.

VORBEREITUNG: 25 MINUTEN BACKZEIT: 20 MINUTEN

KARAMELLSCHNITTEN

125 g Mehl
1½ TL Backpulver
90 g Kokosraspel
115 g Zucker
125 g Butter, geschmolzen

KARAMELLFÜLLUNG
400 g gesüßte Kondensmilch aus der Dose
20 g Butter
2 EL Rohrzuckersirup oder Honig

SCHOKOLADENGUSS
150 g dunkle Schokolade, gehackt
20 g Palmin (oder anderes Kokosfett)

ERGIBT 20 STÜCKE

Den Ofen auf 180 °C vorheizen. Eine flache Form von 18 x 28 Zentimeter mit Backpapier auslegen, dabei das Papier an den langen Seiten überhängen lassen.

Mehl und Backpulver in eine Schüssel sieben und Kokosraspel und Zucker damit vermischen. Die geschmolzene Butter gut unterrühren. Fest in die Form drücken und 12–15 Minuten backen, bis der Teig leicht Farbe annimmt. Dann abkühlen lassen.

Für die Karamellfüllung alle Zutaten in einen Topf geben. Bei geringer Hitze unter Rühren zum Kochen bringen und 4–5 Minuten kochen, bis die Mischung leicht karamellisiert. Schnell auf den abgekühlten Teigboden gießen und glatt streichen. Etwa 10 Minuten backen und in der Form abkühlen lassen.

Für den Schokoladenguss dunkle Schokolade und Palmin in eine hitzefeste Schüssel geben. Einen Topf zur Hälfte mit Wasser füllen und aufkochen. Vom Herd nehmen und die Schüssel darüberstellen. Sie darf das Wasser nicht berühren. Gelegentlich umrühren, bis beides geschmolzen ist. Auf dem Kuchen verteilen und 20 Minuten kühlen, bis die Schokolade fest geworden ist. Aus der Form heben und in Stücke schneiden.

VORBEREITUNG: CA. 30 MINUTEN GARZEIT: 35 MINUTEN

MINI-PAVLOVAS

3 Eiweiß
125 g Puderzucker
zzgl. 1 EL Puderzucker
150 g dunkle Schokolade, geschmolzen
250 ml Crème double (ersatzweise normale Sahne mit Sahnesteif etwas fester schlagen)
1 TL fein abgeriebene Orangenschale
gemischte Früchte zum Garnieren, z. B. in dünne Spalten geschnittene Erdbeeren, Papayas und Kiwi, sowie das Fruchtfleisch von einigen Passionsfrüchten

ERGIBT 35–40 STÜCK

Den Ofen auf 150 °C vorheizen. Eiweiße in einer großen Schüssel mit dem Handrührgerät steif schlagen. Puderzucker einrieseln lassen, dabei aber aufpassen, dass er nicht durch die ganze Küche gestäubt wird. Die Baisermasse sehr fest und glänzend schlagen.

Mithilfe eines Ausstechers oder Glases 40 Kreise von 4 Zentimeter Ø auf zwei Blätter Backpapier zeichnen, dann das Papier umgedreht auf zwei Bleche legen (damit die Markierungen nicht auf die Pavlovas abfärben). Ein wenig Baisermasse auf jeden Kreis streichen – dies wird der Boden der Pavlova. Die restliche Masse in eine Spritztüte mit einer glatten 5-Millimeter-Tülle füllen.

An den äußeren Rand der Böden jeweils drei Kreise aufeinanderspritzen, sodass in der Mitte ein kleines Loch bleibt. 30 Minuten backen, bis die Pavlovas sich fest anfühlen. Im Ofen bei leicht geöffneter Tür abkühlen lassen.

Wenn sie abgekühlt sind, die Böden der Baisers in geschmolzene Schokolade tauchen, sodass die Schokolade 2 Millimeter an den Seiten hinaufreicht, dann auf Backpapier setzen und fest werden lassen.

Sahne, zusätzlichen Puderzucker und Orangenschale leicht schlagen. In einen Spritzbeutel mit einer kleinen glatten Tülle füllen und in die Pavlovas spritzen. Mit frischen Früchten belegen und Passionsfruchtfleisch darüberträufeln.

VORBEREITUNG: CA. 50 MINUTEN GARZEIT: 30 MINUTEN

TIPP: In Schokolade getauchte Baisers ohne Füllung können bis zu eine Woche im Voraus zubereitet und in luftdichten Behältern aufbewahrt werden. Erst kurz vor dem Servieren füllen, sonst werden sie weich.

◁ SCHNELLE ZITRONENKEKSE

125 g Mehl
1 EL Reismehl
100 g Butter, gekühlt und gehackt
1/2 TL fein abgeriebene Zitronenschale
1 EL Zitronensaft

ERGIBT ETWA 20 STÜCK

Den Ofen auf 180 °C vorheizen. Mehl, Reismehl, Butter und Zitronenschale in die Küchenmaschine geben. Zitronensaft dazugeben und miteinander verarbeiten.

Auf einer leicht bemehlten Arbeitsfläche 5 Millimeter dick ausrollen. Gewünschte Formen ausstechen und auf ein mit Backpapier ausgelegtes Blech legen. 10–12 Minuten backen, bis sie sich hell golden verfärben, und auf einem Rost abkühlen lassen.

VORBEREITUNG: 10 MINUTEN   BACKZEIT: 15 MINUTEN

SÜSSE TWISTS

1 Ei
1 1/2 EL Zucker
125 ml Milch
250 g Mehl
Öl zum Frittieren
215 g Puderzucker

ERGIBT 45 STÜCK

Ei mit Zucker verschlagen und die Milch unterrühren. Mehl und 1/2 Teelöffel Salz hineinsieben und zu einem festen Teig vermischen. Wenn nötig mehr Milch hinzufügen.

Auf einer leicht bemehlten Arbeitsplatte ausrollen. Streifen von 10 Zentimeter Länge und 3 Zentimeter Breite schneiden. In die Mitte einen langen Schlitz ähnlich einem Knopfloch schneiden. Ein Teigende durch den Schlitz stecken und halb hindurchziehen, sodass die Mitte einmal verdreht ist.

Eine tiefe schwere Pfanne zu einem Drittel mit Öl füllen und auf 180 °C erhitzen, oder bis ein Brotwürfel darin in 15 Sekunden bräunt. Jeweils 3–4 Twister gleichzeitig frittieren, bis beide Seiten goldbraun sind. Auf Küchenpapier abtropfen lassen. Puderzucker darübersieben, bevor die Gebäckstücke abgekühlt sind.

VORBEREITUNG: 40 MINUTEN   GARZEIT: 10 MINUTEN

TIPP: In einem trockenen luftdichten Behälter 2 Wochen haltbar.

DATTELKUCHEN MIT MUSKAT

370 g weicher brauner Zucker
zzgl. 2 EL zum Bestreuen
250 g Mehl
2 TL Backpulver
125 g Butter, gekühlt und gehackt
1 TL Natron
185 ml Milch
2 Eier, verschlagen
1 1/2 TL frisch geriebene Muskatnuss
375 g getrocknete Datteln, grob gehackt
Puderzucker zum Bestäuben
Schlagsahne zum Servieren

FÜR 8–10 PERSONEN

Den Ofen auf 180 °C vorheizen. Eine Springform mit 22 Zentimeter Ø leicht einfetten und den Boden mit Backpapier auslegen.

Braunen Zucker mit Mehl und Backpulver in der Küchenmaschine 10 Sekunden vermischen. Die Butter dazugeben und 10 Sekunden verarbeiten, bis die Mischung feinen Streuseln ähnelt. Die Hälfte der Mischung in die vorbereitete Form drücken.

Natron in Milch auflösen. Eier und Muskat hinzufügen und gut verschlagen. Die Mischung zur restlichen Zucker-Mehl-Mischung gießen und wieder 10 Sekunden verarbeiten. In die Form gießen, die Hälfte der Datteln darüberstreuen und 55 Minuten backen. In der Form 10 Minuten abkühlen lassen. Dann aus der Form nehmen und auf einem Rost abkühlen lassen.

Die restlichen Datteln auf dem Kuchen verteilen, mit dem zusätzlichen braunen Zucker bestreuen und 1 Minute unter den sehr heißen Grill stellen, bis der Zucker schmilzt. Abkühlen lassen, mit Puderzucker bestäuben und mit Schlagsahne servieren.

VORBEREITUNG: 25 MINUTEN   BACKZEIT: 1 STUNDE

SCHOKO-FRÜCHTEKUCHEN OHNE MEHL

5 Eiweiß
170 g Zucker
100 g kandierte Aprikosen, gehackt
100 g kandierte Feigen, gehackt
80 g kandierter Ingwer, gehackt
250 g blanchierte Mandeln, fein gehackt
250 g dunkle Schokolade, gehackt
60 g dunkle Schokolade, geschmolzen
375 ml Sahne
Schokoladenblätter zum Garnieren (nach Belieben)

FÜR 8–10 PERSONEN

Den Ofen auf 150 °C vorheizen. Eine tiefe, runde Springform mit 24 Zentimeter Ø einfetten und Boden und Seiten mit Backpapier auslegen.

Eiweiße in einer Schüssel mit dem Handrührgerät steif schlagen. Nach und nach den Zucker einrieseln lassen und weiterrühren, bis der Zucker sich aufgelöst hat und die Mischung dick und glänzend ist.

Mit einem Metalllöffel Früchte, Ingwer, Mandeln und gehackte und geschmolzene Schokolade kurz unterrühren, bis sich alles gerade verbunden hat. In der Form verstreichen und 1 Stunde backen, bis ein hineingestochener Spieß sauber herauskommt. In der Form 15 Minuten abkühlen lassen, dann herausnehmen und auf einen Rost geben.

Sahne mit dem Handrührgerät steif schlagen. Mit einem Spritzbeutel mit glatter Tülle Sahnetupfen auf den Kuchen spritzen. Nach Wunsch mit Schokoladenblättern verzieren.

VORBEREITUNG: CA. 40 MINUTEN BACKZEIT: 1 STUNDE

MANDELTORTE

450 g blanchierte ganze Mandeln, leicht geröstet
150 g weiche Butter
400 g Zucker
6 Eier
150 g Mehl
2 TL Zitronenschale
2 EL Zitronensaft
Puderzucker zum Bestäuben

FÜR 8 PERSONEN

Den Ofen auf 170 °C vorheizen. Eine Springform mit 24 Zentimeter Ø leicht einfetten. Die Mandeln fein mahlen und beiseitestellen.

Butter und Zucker mit dem Handrührgerät locker und schaumig schlagen. Eier nacheinander hinzufügen und nach jedem Ei gut verrühren. Mit einem großen Metalllöffel Mehl, gemahlene Mandeln und Zitronenschale unterheben. Nur kurz verrühren, bis die Zutaten sich verbunden haben und fast glatt sind.

Den Teig in die vorbereitete Form füllen und 1 Stunde 20 Minuten backen, bis ein hineingestochener Spieß sauber herauskommt. In der Form 5 Minuten abkühlen lassen, dann mit Zitronensaft bestreichen. Aus der Form nehmen, auf einen Rost geben und vollständig abkühlen lassen. Mit Puderzucker bestäuben.

VORBEREITUNG: CA. 15 MINUTEN BACKZEIT: 1 STUNDE 20 MINUTEN

HIMBEERKÄSEKUCHEN

250 g Butterkekse
90 g Butter, geschmolzen

FÜLLUNG
2 EL Gelatinepulver
500 g fettarmer Frischkäse, weich gerührt
80 ml Zitronensaft
115 g Zucker
315 ml Sahne
250 g TK-Himbeeren
2 EL Zucker zusätzlich
Schlagsahne zum Garnieren (nach Belieben)
Himbeeren zum Garnieren (nach Belieben)

FÜR 8–10 PERSONEN

Eine Springform mit 23 Zentimeter Ø leicht einfetten und den Boden mit Backpapier auslegen.

Kekse in der Küchenmaschine fein zu Bröseln verarbeiten, dann die Butter untermischen. In die Form löffeln und fest an Boden und Seiten andrücken. Etwa 20 Minuten kühlen, oder bis der Boden fest ist.

Für die Füllung 60 Milliliter Wasser in eine kleine hitzefeste Schüssel geben, mit der Gelatine bestreuen und quellen lassen. In einem großen Topf etwa 4 Zentimeter Wasser aufkochen, vom Herd nehmen und die Gelatineschüssel hineinstellen (das Wasser sollte bis zur Hälfte der Schüssel reichen). Rühren, bis die Gelatine sich aufgelöst hat, dann abkühlen lassen.

Frischkäse mit dem Handrührgerät cremig schlagen. Mit Saft und Zucker glatt rühren. Sahne und die Hälfte der Gelatine vorsichtig unterheben.

Himbeeren und den zusätzlichen Zucker in der Küchenmaschine glatt verarbeiten. Das Püree durch ein feines Sieb drücken, um die Kerne zu entfernen. Die restliche Gelatine unter die Himbeeren heben. Von der Frischkäsemischung große Kleckse in die Form geben. Die Lücken mit der Himbeermischung füllen. Mit einem Spieß oder einer Messerspitze beide Mischungen miteinander verwirbeln. Etwa 4 Stunden kühlen, bis alles fest ist. Nach Wunsch mit Schlagsahne und frischen Himbeeren dekorieren.

VORBEREITUNG: CA. 40 MINUTEN   GARZEIT: KEINE

◁ KIRSCH-KÄSE-STRUDEL

500 g Ricotta
2 TL abgeriebene Zitronen- oder Orangenschale
55 g Zucker
40 g frische Weißbrotkrumen
2 EL gemahlene Mandeln
2 Eier
425 g entsteinte Süßkirschen aus der Dose
2 TL Stärke
8 Blätter Filoteig
60 g Butter, geschmolzen
2 EL Semmelbrösel
Puderzucker zum Bestäuben

FÜR 8–10 PERSONEN

Den Ofen auf 180 °C vorheizen. Ein Backblech leicht einfetten.

Ricotta, Zitronenschale, Zucker, Brotkrumen und Mandeln mischen. Die Eier dazugeben und gut unterrühren. Die Kirschen abgießen und die Hälfte des Saftes aufbewahren. Die Stärke mit dem Saft mischen und in einen Topf geben. Bei mittlerer Hitze aufkochen, bis die Mischung eindickt, dann leicht abkühlen lassen.

Die Filoteigblätter mit geschmolzener Butter bestreichen, mit einigen Semmelbröseln bestreuen und aufeinanderschichten. Dabei das zweite Blatt versetzt auf das erste legen, sodass ein großes Rechteck entsteht und die folgenden Blätter jeweils abwechselnd auf das erste und zweite Blatt legen.

Die Ricottamischung an einem langen Rand des Teigs verteilen. Zu einer Rolle formen und die Kirschen und den abgekühlten Sirup darauf verteilen. Die Enden einfalten und den Teig um die Füllung herum aufrollen. Das Ende des Teigs unter der Rolle platzieren. Auf das vorbereitete Blech legen und 35–40 Minuten goldbraun backen. Mit Puderzucker bestäuben und kalt, in Scheiben geschnitten, servieren.

VORBEREITUNG: 25 MINUTEN   BACKZEIT: 45 MINUTEN

WALNUSSKÜCHLEIN

200 g weiche Butter
115 g Zucker
2 EL Orangenblütenwasser
250 g Mehl, gesiebt

WALNUSSFÜLLUNG
50 g Walnüsse, gehackt
55 g Zucker
1 TL gemahlener Zimt

ERGIBT 28 STÜCK

Den Ofen auf 160 °C vorheizen. Zwei Backbleche leicht einfetten und mit Backpapier auslegen.

Butter und Zucker mit dem Handrührgerät cremig schlagen. Orangenblütenwasser und Mehl unterheben, bis sich alles verbunden hat. Mit den Händen zusammendrücken, bis ein fester Teig entstanden ist.

Für die Walnussfüllung alle Zutaten in eine Schüssel geben und gut vermischen.

Gehäufte Esslöffel des Teigs zu Kugeln formen und ein Loch in die Mitte drücken. In jedes Loch 1 Teelöffel der Füllung geben. Auf die Bleche legen und leicht flach drücken, ohne den Teig über die Füllung zu falten. In 15–20 Minuten goldbraun backen. Abkühlen lassen und servieren.

VORBEREITUNG: 15 MINUTEN   BACKZEIT: 20 MINUTEN

ROTER OBSTSALAT

250 g Erdbeeren, halbiert
125 g Himbeeren
250 g Kirschen, entsteint
1 EL Cointreau
1 EL weicher brauner Zucker

FÜR 4 PERSONEN

Die Früchte in eine Schüssel geben, mit Cointreau beträufeln, abdecken und 20 Minuten ziehen lassen.

Zucker mit 2 Esslöffel Wasser in einen kleinen Topf geben und bei geringer Hitze 3 Minuten erwärmen, bis der Zucker sich aufgelöst hat. Abkühlen, über die Früchte geben und servieren.

VORBEREITUNG: CA. 10 MINUTEN GARZEIT: 5 MINUTEN

◁ ASIATISCHE FRUCHTPLATTE

1 Zitronengrasstängel, nur der weiße Teil, gehackt
2 cm frischer Ingwer, grob gehackt
1 TL weicher brauner Zucker
125 ml Kokosmilch
2 Mangos
1 Nashi-Birne, geviertelt
6 Litschis oder Rambutans, halbiert und die Steine entfernt
½ Papaya, entkernt und in Spalten geschnitten
½ rote Papaya, entkernt und in Spalten geschnitten
2 Karambole (Sternfrucht), in dicken Scheiben
1 Limette, geviertelt

FÜR 4–6 PERSONEN

Zitronengras, Ingwer, Zucker und Kokosmilch in einem kleinen Topf bei geringer Hitze 5 Minuten köcheln lassen. Durch ein Sieb gießen und beiseitestellen.

Die Mangos auf beiden Seiten nah am Stein entlang abschneiden. Ohne die Schale zu durchtrennen einige horizontale und vertikale Schnitte in jede Hälfte machen. Nun die Mangoschale umstülpen, indem man die Mitte nach oben und die Ränder nach unten drückt. Mit den restlichen Früchten auf einer Platte arrangieren. Die Limettenspalten dazulegen, damit man sie über die Früchte pressen kann.

Die Kokossauce in einer Schale dazu servieren oder kurz vor dem Servieren über die Früchte träufeln.

VORBEREITUNG: 15 MINUTEN GARZEIT: 5 MINUTEN

SOMMERLICHES FRÜCHTEKOMPOTT

5 Aprikosen, halbiert
4 Nektarinen, halbiert
4 Pflaumen, halbiert
4 Pfirsiche, geviertelt
200 g Kirschen aus dem Glas
250 ml roter Bordeauxwein
80 ml trockener Sherry
170 g Zucker
Schlagsahne zum Servieren (nach Belieben)

FÜR 8 PERSONEN

Die Früchte in kleinen Portionen vorsichtig für 30 Sekunden in kochendes Wasser geben. Mit einem Schaumlöffel herausheben und in eine Schüssel mit Eiswasser geben. Außer den Kirschen alle Früchte schälen.

Rotwein, Sherry, Zucker und 250 Milliliter Wasser in einen großen schweren Topf geben. Bei geringer Hitze rühren, bis der Zucker sich aufgelöst hat. Nun erst aufkochen, die Hitze reduzieren und 5 Minuten köcheln lassen.

Die abgetropften Früchte in kleinen Portionen in den Sirup geben und 5 Minuten köcheln lassen. Mit einem Schaumlöffel herausheben und in eine Schüssel geben. Sirup aufkochen, die Hitze reduzieren und weitere 5 Minuten köcheln lassen. Vom Herd nehmen und leicht abkühlen lassen – er sollte nun sirupartige Konsistenz haben. Über die Früchte gießen und mit einem Klecks frisch geschlagener Sahne servieren.

VORBEREITUNG: 40 MINUTEN GARZEIT: 30 MINUTEN

SANGRÍA ▷

1 1/2 EL feiner Zucker
1 EL Zitronensaft
1 EL Orangensaft
1 l Rotwein
500 ml Limonade
2 EL Gin
2 EL Wodka
1 Zitrone
1 Orange
1 Limette
Eiswürfel zum Servieren

FÜR 10 PERSONEN

Zucker, Zitronen- und Orangensaft in einen großen Krug geben und rühren, bis der Zucker sich aufgelöst hat.

Rotwein, Limonade, Gin und Wodka dazugeben. Zitrone, Orange und Limette halbieren, die Kerne entfernen und in Scheiben schneiden. Diese in den Krug geben und mit Eis auffüllen. Gut umrühren.

VORBEREITUNG: 10 MINUTEN GARZEIT: KEINE

BARLEY-WATER MIT ZITRONE UND LIMETTE

220 g Perlgraupen
60 ml Zitronensaft
125 ml Limettensaft
115 g feiner Zucker
Eiswürfel zum Servieren
Zitronenscheiben zum Servieren
Limettenscheiben zum Servieren

ERGIBT ETWA 1 L

Perlgraupen mit 2 Liter Wasser in einem großen, schweren Topf 30 Minuten kochen, bis die Flüssigkeit zur Hälfte eingekocht ist. Vom Herd nehmen und durch ein Sieb gießen.

Zitrussäfte und Zucker zur Kochflüssigkeit geben und gut vermischen. Gut gekühlt mit Eis, Zitronen- und Limettenscheiben servieren.

VORBEREITUNG: CA. 5 MINUTEN GARZEIT: 30 MINUTEN

◁ MAROKKANISCHER MINZTEE

1 EL loser grüner Tee
30 g Zucker
1 große Handvoll Pfefferminzblätter und Stiele

FÜR 1 PERSON

Einen Teekessel erhitzen und grüne Teeblätter, Zucker und Minzeblätter mit Stielen hineingeben. Mit kochendem Wasser auffüllen und mindestens 5 Minuten ziehen lassen. Zuckermenge nach Bedarf anpassen.

VORBEREITUNG: 5 MINUTEN GARZEIT: 5 MINUTEN

TIPP: In Marokko wird dieser leichte, süße Tee oft vor und immer nach dem Essen zubereitet, sowie wann immer Freunde oder Gäste zu Besuch kommen. Er wird auch in Cafés serviert, traditionell aus einer silbernen Teekanne in kleinen, aufwendig bemalten Gläsern.

EISTEE

Eis zum Servieren
125 ml kalter schwarzer Tee
1 TL Zucker
Zitronenscheiben zum Servieren
Minzeblätter zum Servieren

FÜR 1 PERSON

Eis, kalten Tee und Zucker in ein hohes Glas geben und umrühren. Mit Zitronenscheiben und Minzeblättern garnieren.

VORBEREITUNG: 5 MINUTEN GARZEIT: KEINE

TIPP: Eistee kann auch mit kalten Kräutertees zubereitet werden.

WASSERMELONENSAFT MIT INGWER ▷

500 g Wassermelone
2 TL frisch geriebener Ingwer
6 Eiswürfel
Wassermelonenspalte zum Garnieren

ERGIBT 600 ML

Schale und Kerne der Wassermelone entfernen und das Fruchtfleisch grob hacken. Mit dem Ingwer in der Küchenmaschine 2 Minuten pürieren. Eiswürfel dazugeben und 1 Minute pürieren, bis das Eis zerkleinert ist. Mit einer dünnen Wassermelonenspalte garniert servieren.

VORBEREITUNG: 5 MINUTEN   GARZEIT: KEINE

HAUSGEMACHTE LIMONADE

ZITRONENSIRUP
6 große Zitronen
6 ganze Nelken
440 g Zucker

Eiswürfel zum Servieren
Sprudelwasser zum Servieren
Zitronenscheiben zum Garnieren
Minzeblätter zum Garnieren

ERGIBT ETWA 1,25 L

Für den Zitronensirup die Zitronen mit den Nelken in eine große Schüssel geben. Mit 1,25 Liter kochendem Wasser bedecken. Über Nacht ziehen lassen.

Wasser durch ein Sieb in einen Topf gießen. Zitronenscheiben und Nelken wegwerfen. Den Zucker dazugeben und bei geringer Hitze rühren, bis er sich aufgelöst hat. Aufkochen und 10 Minuten köcheln lassen, bis er leicht reduziert und sirupartig ist. Abkühlen lassen.

Zum Servieren Eis in ein hohes Glas geben. 2 Esslöffel Zitronensirup darübergießen und mit Sprudelwasser auffüllen. Mit Zitronenscheiben und Minzeblättern garnieren.

VORBEREITUNG: CA. 10 MINUTEN   GARZEIT: 15 MINUTEN

REGISTER

REGISTER